少年中国地理

长城

姚青锋　彭相国◎主编　书香雅集◎绘

吉林科学技术出版社

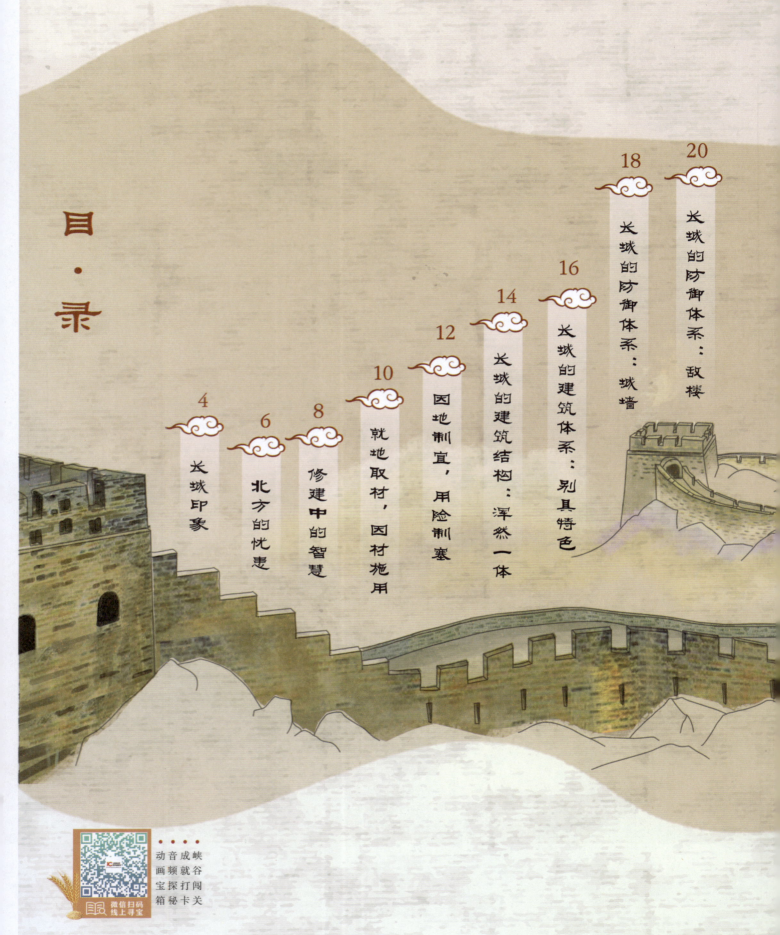

目·录

长城

长城印象

在中国北方辽阔的大地上，奔驰着一条金色①的巨龙，它穿越时空，盘旋于崇山峻岭之巅，蜿蜒起伏于草原和沙漠之中，气势恢宏，绵延万里，它的名字就叫长城。长城是中华民族的骄傲，也是人类文明史上最伟大的工程之一。

1961年，国务院将山海关、八达岭和嘉峪关3处长城区段列为第一批全国重点文物保护单位。

1987年，长城被联合国教科文组织列入《世界文化遗产名录》。

———————————

①长城大部分是由青砖垒砌的，呈现"灰色"，但在阳光的照射下会呈现"金色"。熠熠生辉的长城宛如一条金色的巨龙，昂首腾飞在群山之巅，气势磅礴，异常壮观。

长城是世界历史上修筑时间最长、工程量最大、动用人数最多的一座军事防御性建筑。从春秋战国一直到明代，几乎每个朝代都修筑过长城。秦始皇统一中国后，把北方各国的长城连接起来，西起临洮，东到辽东，长度超过了5000千米，形成了中国历史上最早的万里长城。我们现在看到的长城，大多是明长城。

见此图标 微信扫码｜挑战地理知识闯关，观看趣味科普动画

北方的忧患

　　春秋战国时期，中国大地上分布着大大小小几十个诸侯国。诸侯国之间互相攻伐，不断进行着兼并战争，逐渐形成了七个实力强大的诸侯国，分别是秦国、楚国、齐国、燕国、赵国、魏国和韩国，历史上称"战国七雄"。同一时期，北方以匈奴①为主的游牧民族，也发展壮大起来，他们经常南下侵扰农耕地区，人们的生命财产受到了严重威胁，生产也遭到了破坏。

①匈奴是我国古代北方的一个少数民族，他们生活在北方的大草原上，逐水草而居，以游牧和狩猎为生。游牧民族善于骑射，来去迅速，拥有极强的战斗力。

为了阻止北方游牧民族的抢掠，北方的一些诸侯国就在边境上修筑起高大坚固的城墙。这些城墙连绵不断，一眼望不到边，因为又呈排列状分布，所以被称作"长城"，也叫"列城"。

北方三国秦、赵、燕修建的长城比较长，多为东西走向，主要以抵御北方匈奴的骚扰为目的。而中原地区魏、韩、齐、楚四国修建的长城大都比较短，东西南北走向都有，主要用来提防彼此。其中，楚国率先建造出自己的防线，并给它命名为"方城"。

贾谊在《过秦论》中说：乃使蒙恬北筑长城而守藩篱，却匈奴七百余里；胡人不敢南下而牧马，士不敢弯弓而报怨。

《史记·楚世家》记载："齐宣王乘山岭之上，筑长城，东至海，西至济州，千余里，以备楚。"

修建中的智慧

　　长城是我国古代防御工程的奇迹，更是一项伟大的人类智慧工程。在没有任何运输设备和起重设备的古代，要在崇山峻岭之间、峭壁深渊之中，修建长城这样一道军事屏障，其困难情况，可想而知。当时的人们，就靠着无数的肩膀和无数的手，采用肩挑、背扛、筐抬等方式，将大量的砖、石材料运上陡峭的山岭。

　　古代修建长城的劳动力，有三大来源。第一是守卫边疆的士兵，这是修筑长城的主要力量。第二是被强迫征调的民夫。第三是发配充军的犯人。

糯米浆

　　在明代，人们将煮熟后的糯米汤掺入石灰砂浆中，用来黏合城砖。糯米石灰浆的强度远远大于纯石灰砂浆，非常坚固，这也是万里长城千年不倒的原因。

冰道运石

　　在寒冷的冬天，人们在路面上泼水结成冰道，然后将从山上开采的巨石放在冰道上拖行，顺利运到长城脚下，大大缩短了工期。

飞筐走索

　　在跨越深沟峡谷时，人们借助地形的高低落差，将砖瓦石灰装在筐内，通过溜索的方式运送到对岸，大大节约了劳力。

在修建长城的过程中，人们为了提高效率，还借助推车、滚木、撬棍和绞盘等简单工具。人们甚至还利用善于爬山的山羊和毛驴，将装在筐内的建筑材料运送到山上。无论是原料制作、材料运输，还是施工管理，我们古代的劳动人民，都表现出无穷的智慧和创造力。

长城是我国古代无数能工巧匠用鲜血和汗水，在中华大地上书写的史诗巨著。为了修筑长城，无数劳动人民为此付出了宝贵的生命。

运石

修筑长城的石头，有些重达千斤，工匠们先用滚木和撬棍，将巨石一点一点地挪下山；然后将其修整成规则的石块，再运送到工地。

就地取材，因材施用

　　在建筑材料的选择上，人们大多就地取材，充分利用各地的自然资源，主要用土、石、木料和瓦件等来修筑。到了明朝中后期，随着烧砖技术的进步，一些重要地段的城墙已经用砖来修建。

①选土
　　黄土黏性大，是烧制长城砖的最佳原材料。

长城砖的制作有一套严格的标准和复杂的工序。为了明确责任，明朝还实行"物勒工名"制度，将官员、工匠、年号、所修长城的数量都详细地刻碑记事，甚至还将烧造单位的名称刻在烧造的砖上，作为责任追究的凭证。

就地取材

山上石头多，那就用块石、片石等混合物来建造；平原黄土多，那就就地取土，用土夯筑；沙漠中沙、芦苇和红柳多，那就用芦苇、红柳枝条和砾砂层层铺筑来建造。

②制泥

将水和黄土按一定的比例混合，让牛踩踏成黏稠的砖泥。

③打胚

将和好的砖泥填入模具，然后用铁线弓刮平晒成砖坯。

④烧制

将晒干的砖坯，按照一定的规则整齐放入砖窑中烧制。

⑤验砖

将烧制好的砖从砖窑中取出码好，检验是否合格。

因地制宜，用险制塞

　　长城经过的地方，地理情况千变万化，高山峻岭、大河深谷、沙漠草原、戈壁滩石等十分复杂。秦始皇修筑万里长城时总结出"因地形，用险制塞"的重要经验，即巧妙地利用地形和地貌特征，进行设计和施工。

疏落有秩的敌楼

　　敌楼随边城修建，有序分布。"山平墙低坡小势冲之处则密之，高坡陡墙之处则疏之，固为一定之势"。

沿着山顶的边墙

　　沿着山顶或山脊修建，借助高大的山体、开阔的视野，有效阻止敌人的进攻。

连接山口的边墙

　　在两山之间用边墙连接，边墙或终止于两侧的山脚处，或沿着山坡延伸，以达到阻止敌人沿着山谷进犯的目的。

占领制高点的烽火台

烽火台多建在高处，既可扩大视野，又能观察敌情，满足防御需求。

微信扫码
线上寻宝
- 峡谷闯关
- 成就打卡
- 音频探秘
- 动画宝箱

据守山口的关口

在险要的关口设置关隘，这些关隘与敌楼、烽火台互相配合，据险相守。

跨越河流的边墙

为防止敌人在枯水期或冬季河流结冰时沿河入侵，在一些河面较窄的地方跨河修建长城，城墙下设水门，使水流正常通过。

关口一般修筑在两山之间的狭窄地带，是河谷的交会转折之处，平川往来的必经之路。这样既能控制险要地形，阻击敌人的侵扰，起到"一夫当关，万夫莫开"的效果，又能节约不少的人力与物力。

除了考虑地形的因素，长城的选址还会考虑前朝已有的长城状况，敌楼、烽火台以及城墙各部分的关联情况，考虑交通干道、成本消耗以及兵器性能等诸多因素。

长城的建筑结构：浑然一体

　　翻山越岭，穿沙漠，过草原，越绝壁，跨河流，规模宏大，气势磅礴的万里长城，并不只是一道单独的城墙，而是以城墙为主体，同大量的敌楼、关城、墩堡、营城、卫所、镇城、烽火台等多种防御工事所组成的一个完整的防御工程体系。

　　长城及其关隘、城堡的设置及长城走向、建造式样、结构、材料等的确定，除了要充分考虑防御的需要，还要考虑与生活相关的各种要素。长城建好后是要住人的，所以还要考虑戍守长城将士及家属的生活需要。

长城的防御工程体系庞大，结构完整，城墙将成百座雄关、隘口，成千上万座敌台、烽火台连成一气，各地的守军由各级军事指挥系统层层指挥、节节控制。防御体系内各类建筑按照使用功能及内部联系组合成一体，具有整体性和连续性两大特征。

长城防御体系的整体性

是指长城边墙与长城防御系统其他构成之间的联系，以及长城与自然环境的协调，长城不管修建于山地还是平原地区，都要和环境融为一个整体。

长城防御体系的连续性

指的是依靠连绵的长城墙体及关隘、城堡等构建起来的防线，"万里长城万里长"，以人工城墙为主，辅以自然山险屏障，组合成线性的防御体系。

长城的建筑体系：别具特色

绵延在群山之间的万里长城，单从建筑角度来看，其构造并不复杂。但从实际的功用出发，楼橹、垛口、宇墙、马道和便门，仍花费了工匠们不少精妙的心思，整个建筑环环相扣，其建筑元素也极具中国特色。

垛口

垛口一般出现在边墙外侧，垛口往往设计为外"八"字形状，方便守军向外观察和射击。

障墙

在陡峭的边墙上连续设计的与城墙垂直的短墙，墙上有望孔和射孔。如果敌人攻上城墙，可以凭借障墙节节退守。

箭窗

士兵通过箭窗瞭望和射击。敌楼上箭窗的多少往往也反映火力的强弱。

望孔/射孔

在边墙两侧的女墙上，设置的用于瞭望的小孔。有些孔还可以发射弓箭和火弩，也称射孔。

暗门

设置在边墙外侧隐蔽的地方，可以让守城士兵出其不意地出现在墙外攻击敌人。

在历代修建的长城当中，明长城的构造雄伟、坚固，并拥有完善的设施，科学的防御功能，其建筑成就在历代长城中达到了顶峰。

楼橹

也叫望楼、望亭，是敌台顶层的木结构建筑。为士兵遮风避雨，也可存放物品。

匾额

标注敌楼名称或编号。

宇墙

边墙内侧的矮墙，防止士兵跌落城墙，一般建造在地势高陡的边墙上。很多长城是没有宇墙的。

条石台基

用石头按照一定的条例堆砌成基础，使城墙和敌楼更加坚固。

悬眼/石孔

用于观察逼近城墙的敌人，现在常被人误以为用于向敌人投掷石头。

长城的防御体系：城墙

城墙是长城整个防御工程中的主体部分。它通常建造于高山峻岭或平原险阻之处，因其建造于边塞上，人们也称其为"边墙"。边墙的建筑形象、结构类型、材料做法，因时代和地域的不同而各不相同，别具特色。

古人根据地形来修筑长城，在平原或要隘之处的城墙修筑得非常高大坚固，地势险要处则修得相对低矮狭窄，以节约人力和物力。在一些陡峻无法修筑的地方便采取"山险墙"和"劈山墙"的办法，将城墙直接修筑进山体里。

城墙要先砌两帮，把基础打好之后，画出外线，再把条石层层上砌，然后层层填厢，一直砌到规定的高度，再铺砖砌垛口。城墙墙面和砖砌垛口有两种砌砖方法，一种是斜砌，一种是梯状平砌。一般在坡度不十分大的墙面可用斜砌，如果坡度超过45度，就分成梯道平砌。

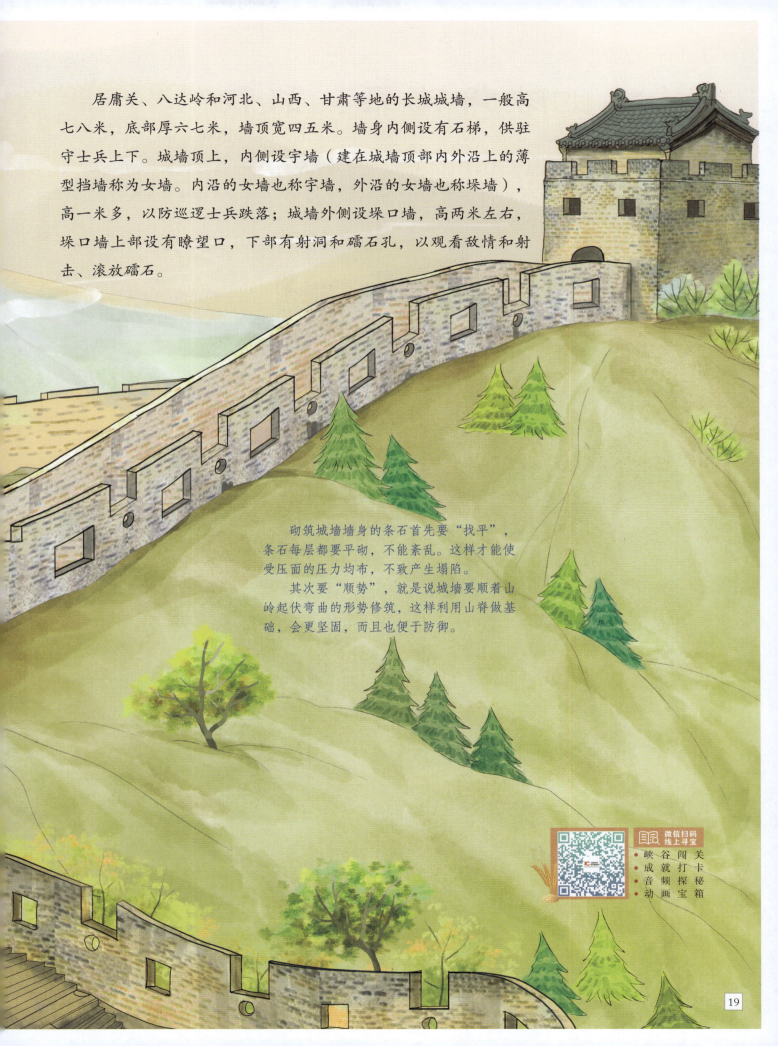

　　居庸关、八达岭和河北、山西、甘肃等地的长城城墙，一般高七八米，底部厚六七米，墙顶宽四五米。墙身内侧设有石梯，供驻守士兵上下。城墙顶上，内侧设宇墙（建在城墙顶部内外沿上的薄型挡墙称为女墙。内沿的女墙也称宇墙，外沿的女墙也称垛墙），高一米多，以防巡逻士兵跌落；城墙外侧设垛口墙，高两米左右，垛口墙上部设有瞭望口，下部有射洞和礌石孔，以观看敌情和射击、滚放礌石。

　　砌筑城墙墙身的条石首先要"找平"，条石每层都要平砌，不能紊乱。这样才能使受压面的压力均布，不致产生塌陷。

　　其次要"顺势"，就是说城墙要顺着山岭起伏弯曲的形势修筑，这样利用山脊做基础，会更坚固，而且也便于防御。

微信扫码
线上寻宝

- 峡谷闯关
- 成就打卡
- 音频探秘
- 动画宝箱

长城的防御体系：敌楼

　　到了明代中期，戚继光调任蓟镇总兵时，对长城的防御工事做了重大改进，在长城上每隔一段距离设置一座高台，这就是敌台。有的敌台上面还建有房屋，这就是敌楼。这些敌台和敌楼的修建，巩固并强化了长城的防御功能。

敌楼是长城防御体系的重要组成部分，有砖木结构的，也有砖石结构的；有单层的，也有双层的。它们形式多样，各具特色。戚继光督造的金山岭长城是其中最精华的一段，在短短10.5千米的长城沿线上便建有空心敌楼67座，成为敌楼建筑最杰出的代表。

敌楼可分为空心和实心两种。空心敌楼一般由上、中、下三层组成。其中，下层是由条石砌成的基座，中层用于士兵居住和存放武器弹药，上层大多建有供士兵遮风挡雨的房屋，周围设有垛口和射洞。

金山岭敌楼为砖石结构，南北宽9.7米，东西长10.5米，通高9米。敌楼墙体内用石块、土、白灰混筑，楼内地面铺方砖，东西各有一个拱门，四面一共11个箭窗。楼梯设在东面，楼上是砖结构堡垒式掩体，通称库房楼。

长城的防御体系：关口

长城曾经是中国古代农耕文明和游牧文明的分界线。出于军事和商贸往来的需要，长城在各交通要道和咽喉要地修建了进出长城的处所，被称为关。小型的关仅仅是一扇城门，被称为关口。大型的关是一座城堡，被称为关楼，也叫关城。

水下长城

　　位于河北迁西县境内的喜峰口、潘家口城堡是明代长城的两个重要关隘，是当时中原通往北疆和东北边陲的咽喉要道，这一带的长城共有墩台20多座，敌楼160多座，长约50千米。二十世纪七八十年代，因为修建潘家口水库，喜峰口和潘家口关城低洼处长城被水库淹没，形成了一道独特的"水下长城"景观。随着水位变化，"水下长城"时隐时现，别具特色。

见此图标
微信扫码

挑战地理知识闯关
观看趣味科普动画

长城的防御体系：关城

　　关城是长城防线上最为集中的防御据点，大多是和城墙同时建成的。一般设置在最有利于防守的地方，凭险筑关，易守难攻，以达到以极少兵力抵御较多敌人进攻的效果，素有"一夫当关，万夫莫开"之称。军事长官平时就住在关楼里，发号施令，总揽大权。长城沿

线分布着无数的关城，它们有大有小，依地形分布。其中著名的有山海关、居庸关、平型关、雁门关、偏关、嘉峪关以及汉代的阳关、玉门关等。很多长城沿线的城镇，就是由关城发展而来的。

关城的设置

　　通常选择和构筑在具有重要战略、战术价值和敌我必争的高山峻岭之上，深沟峡谷之中，依山傍水的咽喉之地，或构筑在能控制江河海湾的要地。

　　一些重要的关城，本身就有得天独厚的防线。比如雁门关，东西山岩峭拔，地势崎岖，以"险"著称。

关城的结构布局

　　嘉峪关是明长城西端的起点，北连黑山悬壁长城，南接天下第一墩，地势天成，攻防兼备，与附近的长城、城台、城壕、烽燧等设施构成了严密的军事防御体系，也是丝绸之路上的重要一站，被誉为"天下第一雄关"。

　　嘉峪关关城布局合理，建筑得法，由内城、外城、罗城、瓮城、城壕和南北两翼长城组成。周边城台、墩台、堡城星罗棋布，"五里一燧，十里一墩，三十里一堡，百里一城"，内城、外城、城壕三道防线，呈重叠并守之势。

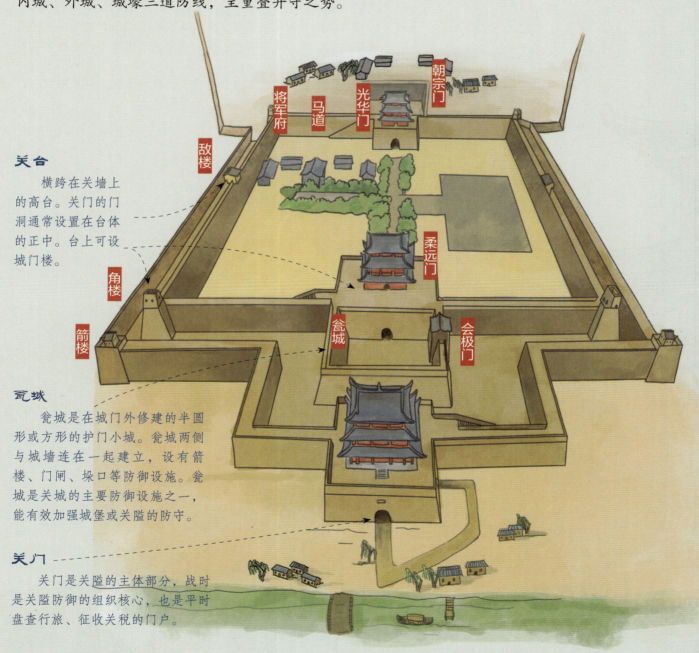

关台

　　横跨在关墙上的高台。关门的门洞通常设置在台体的正中。台上可设城门楼。

瓮城

　　瓮城是在城门外修建的半圆形或方形的护门小城。瓮城两侧与城墙连在一起建立，设有箭楼、门闸、垛口等防御设施。瓮城是关城的主要防御设施之一，能有效加强城堡或关隘的防守。

关门

　　关门是关隘的主体部分，战时是关隘防御的组织核心，也是平时盘查行旅、征收关税的门户。

将军府　马道　光华门　朝宗门　敌楼　角楼　箭楼　柔远门　会极门　瓮城

翼城

翼城是长城边墙内侧，隔一定距离设置的方形小城。罗城负责中心关城的纵深向防御，翼城则强调水平向的防护。翼城与罗城共同构筑关城外围四周的防护屏障。

稍城

是一种设置在关城的最前线或敏感区域的军事小城，兼具侦察、潜伏、警戒等功能。宁海城和威远城分别是山海关的南稍城和东稍城。

罗城

罗城是在瓮城外围又构筑的一道城垣，或是围建在城外的大城。罗城城外通常就是前沿阵地，也是夺城之战发生的地方。山海关东罗城在东门外，建于明万历十二年（1584），有东、南、北三个门，并有水门两个，角楼两个，敌楼七个。西罗城在西门外，是一座没有完成的工程，明崇祯十六年（1643）开工，不到一年明朝就灭亡了。

山海关又称榆关、渝关、临闾关，位于万里长城东部的入海处，因其依山襟海，故名山海关。有"边郡之咽喉，京师之保障"之称，与嘉峪关遥相呼应，被称为"天下第一关"。

山海关的整个城池与长城相连，以城为关。全城有四座主要城门，城中心建有钟鼓楼，关城街巷呈棋盘式布局；城外有四座瓮城拱卫，形成重城并护之势；外层建有罗城、翼城、卫城、稍城等，整个防御构建密切配合，浑然一体。

长城的防御体系：烽火台

烽火台又称烽燧，俗称烽堠、烟墩、墩台，是古时候用于传递重要消息的军事防御设施。一般建造在山顶或很高的地方，形状大体上有方形和圆形两种。有的烽火台建在长城城墙外侧，用来通报来犯敌军的动向；有的则位于城墙内侧，方便与官府联系；有的则直接建在长城之上。烽火台的建造早于长城，但自长城出现后，便与长城密切结为一体了。

按配置的位置和功能，烽燧可以分为四组：设在大漠深处的烽火台是发出警讯的最前线，沿长城两侧设置的烽火台向沿线传递情报，由长城通往京师的系列烽火台与王朝中央联系，还有一组烽火台与长城所在地附近的地方政府和驻军联系。

烽火台的作用主要是侦察敌情。台上有用于守望的房屋和燃烟放火的设备，台下有士兵居住的房屋和羊马圈、仓库等相关建筑。它与敌台、墙台等长城建筑密切配合，当敌人入侵时，烽火台上的将士燃烧稻草等可燃物，通报敌情，以让下一个岗哨提高警惕，预防敌人的侵扰。

烽火台通常设置在高山险峻处或峰回路转的地方，一般相距5千米左右。临近的三个烽燧必须在彼此的视野范围内，以便于随时查看和传递消息。

烽燧除了传递军情之外，还为来往使节保护安全，提供食宿、供应马匹粮秣等服务。

情报传递

古代长城的防御体系中设置有大量的烽火台（烽燧）来传递信号，一旦有敌情，白天放烟叫"烽"，夜间举火叫"燧"。点燃的烽火可以在24小时内横越1000多千米，在最短的时间内向援兵发出报警信号。

白天阳光很强，火光不易被看见，烟雾显得更为明显；而夜间烟雾不明显，火光在很远处就能被看见。

明朝制度，举一烟鸣一炮表示来敌100人左右；举两烟鸣两炮，表示来敌500人左右；来敌1000人以上举三烟鸣三炮。5000人以上举四烟鸣四炮，10000人以上举五烽鸣五炮。

当遇上阴雨或大风等恶劣天气，边亭就会派出飞骑或命人快步跑向其他烽火台传递情报。到了明朝，在燃烟、点火炬的同时还会加放炮声，以增强报警的效果。

守卫长城上的将士，在收到烽火台的警报后，会迅速集结部队，进行作战准备，抵抗敌人的入侵；驻扎在长城附近的将士，得知前方出现危险，便会及时进行支援。这种最古老但行之有效的烽火传递方式，科学而迅速地将信息传递出去，为夺取战争的胜利奠定了基础，是中国千百年来军事智慧的产物。

烽火戏诸侯

西周的最后一个帝王——周幽王非常昏庸，为博美人一笑，竟把烽火台当作玩物，无故燃起火光，引来四面八方的援兵。看着如热锅上的蚂蚁乱成一团的援兵，美人笑了，但周王朝的运数也走到了尽头。公元前771年，西周灭亡。

戍边生活

　　长城是我国古代一项庞大的军事工程，不管修筑长城还是戍守长城，都需要大量的人力和物力做支撑。史书记载，秦时参加修筑长城的军队约40万人，除此之外还征用了50多万民夫，总人数近百万，已经占到了当时全国人数的1/20。到了明代，仅长城沿线的驻军就超过了100万人。

军屯制度

　　政府鼓励士兵和农民垦种荒地，以保证军队的粮食供给和国家的税粮缴纳。屯田制又有军屯、民屯和商屯之分。军屯是政府让驻守在长城附近的将士，一边守卫边疆，一边垦种土地，以此实现军队的自给自足。

当时运输能力差，很多生活资料都难以得到及时补充。为了解决庞大的军费开支和物资供给，政府大力推行屯田制。戍边的将士在日常守卫和长城修筑之余，还要开垦荒地，自给自足。一旦遭遇敌人侵扰，这些将士要放下农具，立即投身到长城的守卫中去。

屯垦戍边的生活日复一日、年复一年。当年戚继光驻守长城，他带领的戚家军，很多人就在长城脚下成家立业，娶妻生子，从此世世代代生活在这里。

明朝军屯

明朝创立独具特色的卫所制，在全国要地设立卫所，卫军实行屯田制度。军士驻扎在长城以南的城堡里，平日除了练兵演武，最主要的工作就是开垦种植，七成的驻军负责农垦耕作，三成的驻军负责守城防护。这一政策，不仅保证军队有充足的粮食供应，而且使荒芜的土地得到了开发。而日常耕种劳动也是一种锻炼，提高了驻军的身体素质，可谓一举多得。

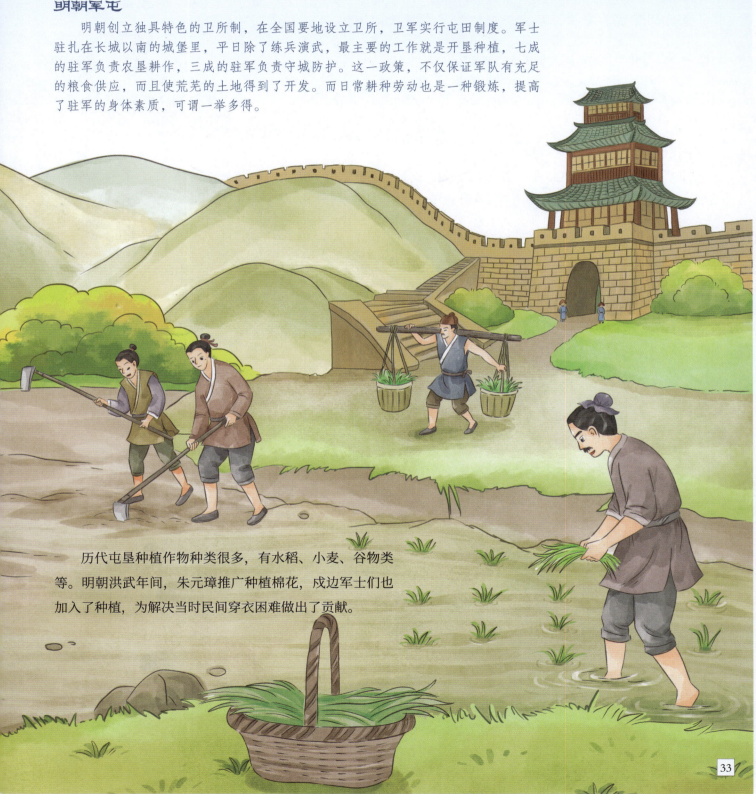

历代屯垦种植作物种类很多，有水稻、小麦、谷物类等。明朝洪武年间，朱元璋推广种植棉花，戍边军士们也加入了种植，为解决当时民间穿衣困难做出了贡献。

关口贸易

　　长城不仅是古代重要的军事设施，也是各族人民友好的象征。在没有战争的和平年代，中原王朝同北方的游牧民族在边关交换各类生活、生产物资，也就是所谓的"互市"，也称"关市"。中原民族用布帛、粮食等生产、生活用品交换游牧民族的马匹、牛羊、驴骡等牲畜及畜产品。原来战马嘶鸣、刀光剑影、硝烟弥漫的边关，成了商队接踵而至的物资贸易中心，后来进一步发展成繁荣的城镇。

　　宋朝时，政府在河北等地设"榷场"供宋、辽两国百姓交易；并在西北、西南边疆地区设立"市易务"——官营经商机构，方便各民族的商贸往来。

　　唐肃宗时，政府出于笼络边疆民族以及军事需要，开始与回纥族进行以茶易马的贸易，开"茶马贸易"之先河。此后明、清两朝，"茶马贸易"或称"茶马互市"绵延不绝。

　　互市贸易的开展，不仅促进了边疆地区的经济繁荣，还加深了民族之间的感情，也有利于多民族国家的巩固和稳定。对中国历代的边疆经营起到了至为重要的作用，并产生了深远的影响。

　　南京罗缎铺、苏杭绸缎铺、潞州绸铺、泽州帕铺、临清布帛铺、绒线铺、杂货铺，各行交易，铺沿长四五里许。

——摘自明万历年间《宣府镇志》

　　明朝为缓和与大漠南北的蒙古族的矛盾，政府在边境开设"马市"，允许军民用公平的价格购买蒙古的马、骡、驼、羊等。当时的"马市"又分为"官市"和"民市"两种。

影响和意义

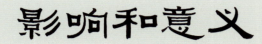

　　经历过岁月的锤炼，跨越时空的阻隔，从秦长城到明长城，从有形长城到无形长城，从血肉长城到钢铁长城，气势雄伟的万里长城，凝聚了无数中国人民的血汗和智慧，是中华民族古代灿烂文化的结晶，也是献给世界人民的财富和瑰宝。

　　如今，以奇伟、雄险著称的万里长城已结束了作为军事防御工程的使命，但长城凝聚的自强不息的奋斗精神和众志成城、坚韧不屈的爱国情怀，早已融入中华民族的血脉之中，成为实现中华民族伟大复兴的强大精神力量，激励着一代又一代中华儿女开拓进取、勇往直前。

诗词印象

　　千百年来，长城作为北方重要的军事工程，一直是帝王将相、文人骚客、戍边士卒吟咏的对象。"大漠""烽火""战马""军旗"，边塞诗词已成为我国古典文学中的重要流派，与长城有关的诗词数不胜数，至今仍在深刻地影响着我们。

咏史诗·长城

〔唐〕胡曾

祖舜宗尧自太平，
秦皇何事苦苍生。
不知祸起萧墙内，
虚筑防胡万里城。

咏长城

〔唐〕汪遵

秦筑长城比铁牢，
蕃戎不敢过临洮。
虽然万里连云际，
争及尧阶三尺高。

出塞二首（其一）

〔唐〕王昌龄

秦时明月汉时关，
万里长征人未还。
但使龙城飞将在，
不教胡马度阴山。

从军行七首（其二）

〔唐〕王昌龄

琵琶起舞换新声，总是关山旧别情。

撩乱边愁听不尽，高高秋月照长城。

塞下曲四首（其二）

〔唐〕常建

北海阴风动地来，明君祠上望龙堆。

髑髅皆是长城卒，日暮沙场飞作灰。

关山月

〔唐〕李白

明月出天山，苍茫云海间。

长风几万里，吹度玉门关。

汉下白登道，胡窥青海湾。

由来征战地，不见有人还。

戍客望边色，思归多苦颜。

高楼当此夜，叹息未应闲。

饮马长城窟

〔宋〕吴龙翰

汉兵北伐时，饮马长城窟。

此城何以高，中填战夫骨。

此池何以深，战血化为溢。

秋风吹水腥，马闻亦辟易。

马渴可奈何，要马载金戈。

长安有游冶，走马燕支坡。

知识问答

1. 长城到底有多长？

根据文物和测绘部门的全国性长城资源调查结果，中国境内已认定的历代长城的总长度是21196.18米。其中，明长城总长度为8851.8千米，秦汉及早期长城超过1万千米，总长超过2.1万千米。

2. 长城主要分布在哪些省区？

长城资源主要分布在河北、北京、天津、山西、陕西、甘肃、内蒙古、黑龙江、吉林、辽宁、山东、河南、青海、宁夏、新疆等15个省区市。其中河北省境内长度2000多千米，陕西省境内长度1838千米。

3. 哪个省的长城最多？

内蒙古境内的长城资源占到了全国的近三分之一，其中多为金界壕，也称金长城、兀术长城。金长城始建于金太宗天会年间，从公元1123年开始修建，直到1198年前后才最终成形，是规模宏大的古代军事防御工程。

4. 长城的起始点是山海关和嘉峪关吗？

至今我国境内发现的长城遗址，西至新疆西部，比嘉峪关还要往西2000千米，东至鸭绿江西岸，比山海关还要往东1000千米。我们常说的东起山海关（最东边应该是丹东的虎山长城），西至嘉峪关，多指明长城。

5. 长城都是汉民族修建的吗？

除了汉民族，北方的少数民族也曾参与修建过长城。其中最典型的是由鲜卑族建立的北魏和由女真人建立的金朝。

6. 传递情报的烽火为什么称"狼烟"？

古代烽火台上的所谓狼烟，并不是用狼粪烧出来的烟。烽火台遗址的考古发现有燃烧芦苇、红柳等植物留下的残迹，并无狼粪的痕迹，因此有学者认为烽火台燃烧的实际上是芦苇、红柳，甚至杂草。"狼烟"一词最早出现在诗文中，更多是一种修辞表示。

7.秦始皇修万里长城花费了多少钱？

修建长城耗时耗力，开支巨大。秦始皇为了修长城从各个地方调了80多万的百姓，累死了很多人，花了五六年的时间，才把长城修好。有学者估算，万里长城算上工人吃住等各种开支，总成本大约6500亿元。

8.修建长城用了多少块砖头？

有学者按照明长城的包砖情况做了估算：按照1米的长城包砖6000块，再加上敌楼、烽火台等关联建筑，平均下来，每一米长城需要用砖9000块左右。

9.长城和丝绸之路有重合的吗？

汉代使节出使西域的时候，基本上都是沿着长城的内侧前进的。所以，在河西走廊和新疆境内，丝绸之路和长城有很多地方都是重合在一块的。

10.别的国家也有长城吗？

除了中国，世界上还有很多国家也修筑过长城来抵御外敌，但相对较短小而已。其中最著名的有英国的哈德良长城、安东尼长城和德国的日耳曼长城，以及伊朗的戈尔干长城等。

11.在月球上能看到长城吗？

在月球上看不见长城。因为离开地球表面几千千米之后，就看不见地球上的任何建筑了；而月球距离地球超过40万千米，因此看见地球上的建筑是不可能的。在月球上看地球，只是一个蓝色的小小星球而已，甚至无法区分地球上的几大洲。

12.都有哪些因素会对长城造成破坏？

除了历经战火洗礼，长城还会受到各种自然因素和人为的毁坏。其中有风沙侵蚀、雨水冲刷、动物践踏、地质灾害，以及人为的攀爬踩踏等。

图书在版编目（CIP）数据

长城 / 姚青锋，彭相国主编；书香雅集绘.
长春：吉林科学技术出版社，2025.4. --（少年中国地
理）.--ISBN 978-7-5744-2241-4

Ⅰ. K928.77-49
中国国家版本馆CIP数据核字第2025JK6730号

少年中国地理
SHAONIAN ZHONGGUO DILI

长城
CHANGCHENG

主　　编	姚青锋　彭相国
绘　　者	书香雅集
策 划 人	于　强
出 版 人	宛　霞
责任编辑	李思言
助理编辑	丑人荣
幅面尺寸	210 mm×285 mm
开　　本	16
印　　张	18（全6册）
字　　数	228千字（全6册）
印　　数	1～5 000册
版　　次	2025年4月第1版
印　　次	2025年4月第1次印刷

出　　版　吉林科学技术出版社
发　　行　吉林科学技术出版社
地　　址　长春市福祉大路5788号出版大厦A座
邮　　编　130118
发行部电话/传真　0431-81629529　81629530　81629531
　　　　　　　　　　81629532　81629533　81629534
储运部电话　0431-86059116
编辑部电话　0431-81629516
印　　刷　吉林省吉广国际广告股份有限公司

书　　号　ISBN 978-7-5744-2241-4
定　　价　168.00元（全6册）

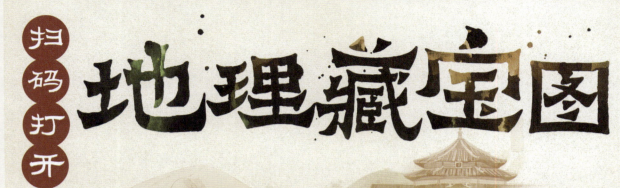

书香雅集

故　　宫

姚青锋　李春青◎主编　书香雅集◎绘

吉林科学技术出版社

故宫

目录

22 红墙黄瓦，雕梁画栋

24 瑞兽呈祥，国泰民安

26 前朝后寝，气势恢宏

28 三朝五门，功能分明

30 左祖右社，敬天法祖

32 防火措施

34 防御措施

36 馆藏的宝物

38 故宫的亲戚

40 故宫的历史变迁

故宫印象

　　在北京城的中轴线上，坐落着一座气势磅礴的大型宫殿——故宫。北京故宫古时候被称作"紫禁城"，是明朝的第三位皇帝朱棣在位时建造的，距今已有600多年的历史。它前起天安门，后临景山，外围护城河，占地面积约72万平方米，是世界上现存规模最大、保存最为完整的古代皇家建筑群。

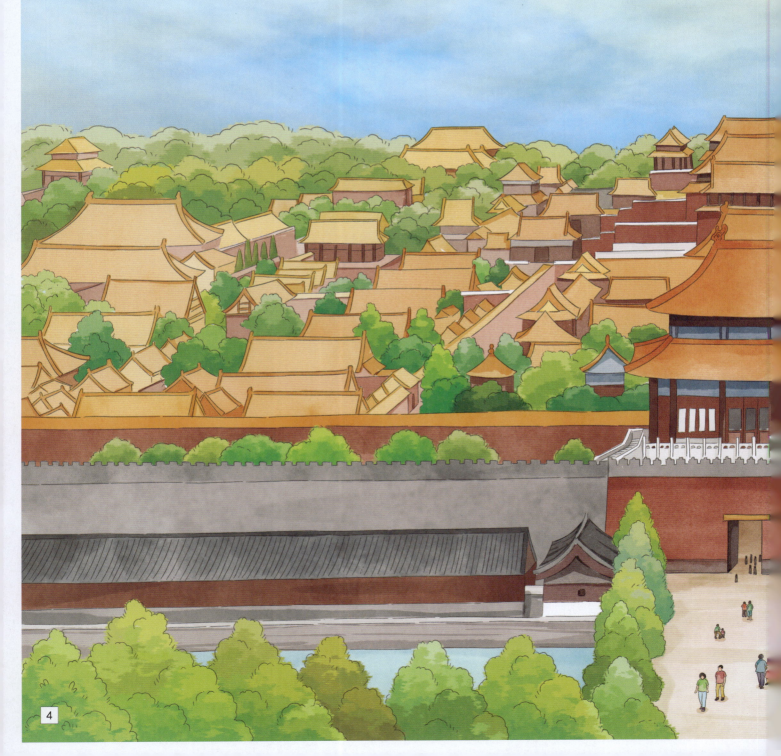

这座巍峨的皇家宫殿，经历了24位皇帝的更替，见证了明、清两个朝代的兴衰，如今已经成为我国最大的博物馆——故宫博物院。它和法国凡尔赛宫、英国白金汉宫、美国白宫、俄罗斯克里姆林宫并称"世界五大宫"，并被联合国教科文组织列为"世界文化遗产"，是人类历史上绝无仅有的文化瑰宝。

皇帝的梦

据说，当年镇守北方的燕王朱棣率军攻破都城应天府（今江苏省南京市），从侄子建文帝手中夺得皇位。而建文帝则在一场大火中离奇失踪，生死不明。朱棣怀疑建文帝是故意藏了起来，日后必定会派人刺杀自己。

没过多久，果然有一位大臣对朱棣心怀不满，意图谋杀他。这次谋杀虽然没有成功，但把朱棣吓坏了。朱棣开始不停地做噩梦，再加上不习惯南京湿热的天气，便强烈怀念起自己居住多年的"龙兴之地"北平（北京）来。

朱棣
明朝开国皇帝朱元璋的第四个儿子。他是明朝的第三个皇帝，也是第二个皇帝建文帝朱允炆的叔叔。

大臣们向朱棣献计，建议将都城从南京迁到北平，这样既能消除建文帝留下的祸患，又能更好地震慑北方虎视眈眈的蒙古大军。朱棣同意了，紫禁城的故事正式拉开帷幕。

朱棣之所以迁都北平是为了控制全国的政局，抗击蒙古人的南侵，更好地经营北方地区。并且朱棣原本的据点就在北平，他是通过篡位夺取了侄子建文帝的天下，在南方不得民心，大家对他的信服是因为他有着强大的军队。

深山伐木

　　朱棣命令大臣们以旧都南京的皇宫为参照，在北平设计一座更为恢宏的皇宫。宫殿的修建需要大量的材料，其中，楠木作为古代建筑的高档选料，以质坚、纹美、难燃、不腐、奇香著称，是修建紫禁城的重要材料。为了筹备楠木，大量的人力被派往全国各地。

　　楠木多生长在崇山峻岭的原始森林中，特别是偏远的四川一带。这里地势险峻、野兽频出，工人们入山采木，不仅要忍受饥渴、疲惫的折磨，还要时刻警惕来自豺狼虎豹、蛇虫鼠蚁的攻击。后人常用"入山一千，出山五百"来形容采伐楠木所付出的沉重代价。

楠木开采难，运输更难。生长在深山老林之中的楠木，有的直径能达到一米以上，想要完好无损地将它们从四川运到北京是一件极为艰难的事情。除了借助滑道和特制的工具外，聪明的工人们受到山洪的启发，他们将采伐的楠木运送到江河边，用竹子、麻绳制成简易的竹筏，巧妙地制定路线，借助天然的河流和修建的运河把木料运送至北京城。

楠木珍贵的原因：

1. 木质坚硬耐腐，寿命长，用途广泛。
2. 产地范围小，主要分布于四川和贵州一带的崇山峻岭之中。
3. 生长缓慢，成为栋梁之材需要上百年的时间。

凝冰运石

　　修建紫禁城所需的石料大多来自北京西南的房山和门头沟的大山中，和运输楠木相比，虽然距离近了很多，但其开采和运输却同样艰辛。成千上万的工匠和民夫，用超乎常人的毅力和绝妙的方法完成了在今天看来不可能完成的任务。

　　运送石料主要有四种方式：人力、畜力、旱船、冰船。前两种方法主要适用于小型石料的运输，后两种则适用于大型石料。"旱船法"是通过在石料下面垫上滚木，用人力或者牲畜拉拽，对于路面平整度要求较高。"冰船法"则是在冬天的时候，每隔一段路挖一口井，将井水泼在路面上形成滑滑的冰层，以冰做船，更为省力。

在故宫保和殿的北面，有一块雕刻着9条飞龙、5座浮山，象征着"九五至尊"的汉白玉巨石——"云龙阶石"。这块奇石长16.57米、宽3.07米、厚1.70米，重200多吨，就是从北京城100里（1里=500米）外的房山大石窝村开采、运输过来的。

为了将这块巨石运进北京城，人们先将崎岖的道路进行平整，路边每隔一里地打上一口井，在寒冬腊月将井水泼在路面上形成冰道，再用旱船承载着石料，在冰面上一点一点向前拉拽。据记载，从房山大石窝村到紫禁城，动用民夫20000多人，骡马1000余匹，累死累伤的骡马不计其数。人们整整用了28天，才将这块巨石拉到了宫里。

九五至尊

　　阳数中九为最高，五居正中，因此，"九五至尊"象征着帝王的权威。另外，九五至尊，也是皇宫修建的规制，故宫天安门城楼的正面横向开间是九开间，纵深即前后是五开间，就是"九五至尊"的标志。

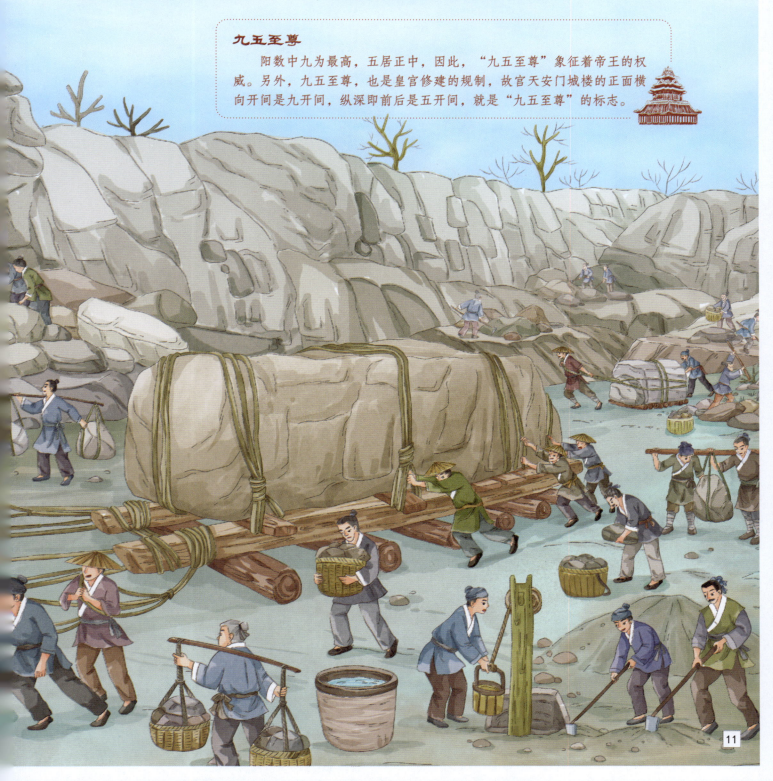

金砖铺地

　　在紫禁城的重要宫殿中都铺有一种光可鉴人、冬暖夏凉的大方砖，这种砖质地坚细，敲起来会发出像金属一样铿锵的声音，人们称它为金砖。这种金砖多由"苏州府"督造。

　　苏州府地处运河旁，那里土质细腻，含胶状体丰富，容易澄浆，由这种土制成的砖质地密实，坚硬如铁，油润如玉。明成祖朱棣便令苏州府专门烧制，特供皇家使用。苏州府烧制的金砖，因此又有"天下第一砖"之称。

　　金砖的制作过程非常复杂，先后有取土、制坯、烧制、出窑、打磨、泡油等多道工序。每块金砖重达两百多斤（1斤=0.5千克），相同尺寸的金砖误差不能超过1毫米。从泥土到成砖需要将近两年的时间，其产量有限，十分珍贵，民间还有"一两黄金一块砖"的说法。

第一步 取土

取土前先要选土，选好土后，还要经掘、运、晒、椎、浆、磨、筛等七道工序才算完成，耗时8个月之久。

第二步 制坯

将备好的泥土，用半手工半机械的方式制成砖坯，部分花砖还有特殊的工艺要求，需要在上面绘制图案。

第三步 烧制

坯入窑后，以糠草、片柴、棵柴、松枝柴四种不同的燃料燃烧处理，在耗时130天之后，方可窨（yìn）水出窑。

金砖铺墁（màn）

金砖运到紫禁城，开始铺墁，这个过程叫"金砖墁地"。我国传统铺地面的做法，有细墁地面和粗墁地面，其中最为精细的就是"金砖墁地"，这是中国古建筑营造技艺中最高级的典型代表，整个过程要历经砍磨、铺墁、泼墨、钻生等四十余道工序才能完成。

第四步 出窑

长时间烧制过的金砖炙热难当，需要提前往窑中浇水降温，然后再将又烫又重的金砖从窑内搬运出来。

每一块金砖都有"生产标签"，标注有年代、款识、督造官和窑户的名字。

第五步 打磨

将出窑的金砖放入水槽中，一边冲水，一边打磨。经此步骤，金砖的表面变得平滑，经久耐用。

第六步 泡油

打磨之后的金砖，要一块块地浸泡在桐油里。桐油不仅能使金砖光泽鲜亮，还能够延长它的使用寿命。

13

故宫的设计

各种材料准备好之后，工人们就开始紧锣密鼓地施工了。这里集结了来自全国各地的能工巧匠，施工现场超百万人。这样庞大的工程又是谁负责设计的呢？很多人都会想起蒯（kuǎi）祥。蒯祥是明朝时期香山帮匠人的头领，建筑能力十分出色，被人们尊称为"蒯鲁班"。

也有研究者认为，紫禁城真正的设计者是蔡信。据说，当时朱棣将建造宫殿的任务交给了工部尚书宋礼。经过层层选拔，宋礼找到了一个叫蔡信的工匠，他设计的图纸方方正正，稳稳当当，象征大明长治久安。皇帝特别满意。

那究竟是不是蒯祥设计了紫禁城呢？其实这个说法并不确切，因为在蒯祥参与修建时紫禁城已经动工了。《明太宗实录》记载："初营建北京，凡……官殿、门阙规制，悉如南京，而高敞壮丽过之。"也就是说北京皇宫要遵照南京皇宫的规制建造，也就不需要另外的设计师了。由于蒯祥主持修建了备受赞誉的承天门，也就是如今的天安门，他还重建了太和殿、中和殿、保和殿三大殿，被人当成紫禁城的设计师也就不奇怪了。

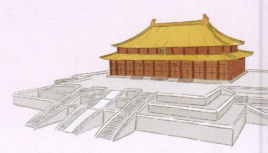

太和殿

紫禁城是一个庞大的系统工程，其设计和建造需要大量的各类人才，木匠、泥水匠、漆匠、石匠、堆灰匠、雕塑匠、彩绘匠，无所不及。但在那个时代，工匠的社会地位不高，留下姓名的屈指可数。宏伟壮观的紫禁城，其实是广大劳动人民集体智慧的结晶。

中和殿

保和殿

故宫的命名

经过数万民夫14年的不懈努力，一座气势恢宏的皇宫建成了。新落成的皇宫，红墙黄瓦，金碧辉煌，美轮美奂。给皇宫起个什么名字呢？大臣们纷纷献计献策。

有人说，天上的星辰与人间的都城相对应，天帝居住在紫微宫，皇帝是天子，天子居住的皇宫自然也跟紫微宫对应。皇宫是国家最重要的地方，戒备森严，一般人不能随便进入。所以，这座威严而神秘的皇城，应该叫"紫禁城"。

我们的祖先在几千年前就开始观测星空了，他们把观测到的星星分为三垣（组），三垣指太微垣、天市垣和紫微星垣。其中，紫微星垣处于三垣的中央，古人认为天帝就居住在这里。紫微星即北斗星，四周由群星环绕拱卫。后来，紫微、紫垣、紫禁、紫宫等便成了帝王宫殿的代称。

帝京篇（节选）

〔唐〕骆宾王

山河千里国，城阙九重门。

不睹皇居壮，安知天子尊。

紫禁城的名字，据说还与"紫气东来"的典故有关。传说老子当年出函谷关，守关人尹喜看到有紫气从东边飘了过来。过了没多久，老子骑着青牛而来，守关人便知道这是圣人，于是请老子写下了著名的《道德经》。从这以后，人们便把祥瑞之气称为紫云。传说中仙人居住的地方称紫海，神仙被称作紫泉。皇帝居住的地方，由于防备森严，寻常百姓难以接近，所以称为紫禁城。

北斗七星

太子
帝
天柜
北极星

紫微垣

天人合一，君权神授

天人合一，是故宫营造的核心逻辑和指导思想。皇帝不仅要顺应天道，关心江山社稷，同时要用建筑为自己构建一座象征其神圣合法性的仪式空间。无论是故宫的建筑布局、宫殿命名，还是藻井造型，无不寓意着皇权的至高无上和古代帝王对上天的敬仰和顺从。

紫禁城位于北京城的中心，这是因为自周朝以来就有"天子择中而处"理念。紫禁城的北面是万岁山，南面是金水河，紫禁城的主体部分就建在万岁山和金水河间的向阳台地上。通过万岁山和金水河，紫禁城在审美意义上做到了与天地自然的和谐一致。

《国朝宫史·宫殿》记载："（乾清宫）东西辟门，象日月。左右列永巷二，每一永巷以次列三宫，布为十二宫，象十二辰。其后，东西分列五所，而周星共之义备矣。"就是说乾清宫东面的日精门和西面的月华门象征天上的太阳和月亮，东六宫和西六宫象征十二座星辰，乾东五所和乾西五所象征众星辰，弯弯曲曲的金水河象征着天上的银河。

藻井

就是建筑物内遮挡建筑物顶部的呈穹窿状的建筑构件。由细密的斗拱承托，呈伞盖形，象征天宇的崇高，藻井上一般都绘有彩画、浮雕。古人认为在殿堂、楼阁最高处作井，同时饰以荷、菱、莲等藻类水生植物，借以压伏火魔作祟，护佑建筑物的安全。

午门

紫禁城的正门午门，其门洞从城外往内看是方形，从城内往外看却变成了圆形。这是因为古人始终坚信"天圆地方"的说法，用外部的方形门洞代表地，内部圆形的门洞代表天，从午门进入就意味着从地到天的变化。

太和殿是中国古代建筑的最高等级，极尽奢华，其内的藻井也特别讲究，其造型上圆下方，对应"天圆地方"的宇宙观。藻井中盘踞着一条金龙，金龙的嘴里叼着明珠，这叫"轩辕镜"，象征天上的轩辕星，也就是雷雨之神：护佑天下能够风调雨顺，国泰民安。

古人认为，天地间存在着阴阳二气，阴阳交合产生了世间万物；阴阳的一个重要表现，就是对称；两者平衡才能达到和谐的状态，所以建筑的布局也要追求对称性。故宫的中心式布局与空间的层层套嵌，也是天人合一的体现。

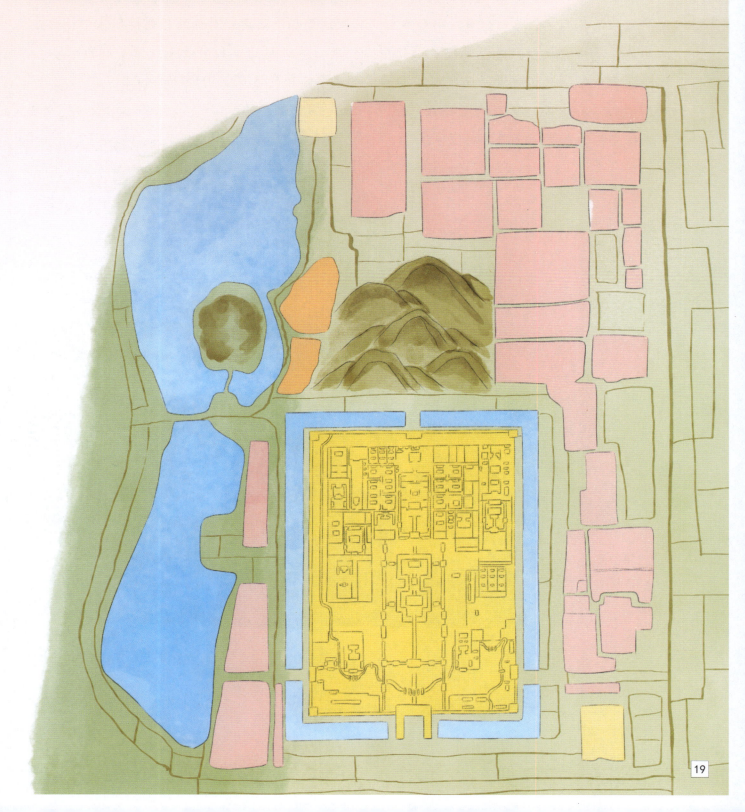

中轴布局，左右对称

中国建筑向来都讲究对称之美。故宫是一座规模宏大的建筑群，各组建筑都是沿着一条贯穿南北的中轴线布局的，均衡而对称。这条中轴线不仅贯穿在故宫内，而且南达永定门，经前门、天安门，一直到钟鼓楼结束，贯穿整个北京城，左右对称，主次分明，极为壮观。

中轴线上的这些宫殿建筑都坐北朝南，无不表现着帝王的至尊和高大，作为君权象征的前朝三殿和后廷三宫都分布在中轴线上。其他建筑都严格按照对称的原则排列在中轴的左右两边，其中，太和殿是整座建筑群的中心，规格等级越高、和皇帝关系越密切的宫殿，离中轴线也就越近，反之则越远。这种尊卑亲疏的区别，由近而远的排列，形成一种中高边低、群星拱月的格局，正是儒家思想的等级秩序观念在建筑领域的典型体现。

故宫里的很多宫殿的名字，都带一个"和"字，如太和殿、中和殿、保和殿等，这是因为"和"是中国儒家思想的核心，即"中正"和"仁和"。古代把"和"看作一种最高的理想境界，"和"也寄托了所有帝王的心愿，他们祈望四海升平、和谐安宁。

除了总体设计，故宫的每一座宫殿建筑都是体现对称性的楷模。比如中轴线上的太和殿、中和殿、保和殿、乾清宫、交泰殿、坤宁宫等，无一不体现着那种四平八稳、对称中和的端庄气质。

神武门

坤宁宫

交泰殿

乾清宫

乾清门

保和殿

中和殿

太和殿

太和门

午门

红墙黄瓦，雕梁画栋

　　故宫是皇权的象征，是封建王朝的中枢所在地，有着至高无上的地位。故宫的重要宫殿都是在其屋顶上铺设了黄色的琉璃瓦，再加上朱红色的宫墙、青绿色的彩画和红柱门窗，在白色台基的衬托下，整个建筑群显得更加神秘庄严、富丽堂皇。登高眺望，红墙黄瓦，流光溢彩；雕梁画栋，气势恢宏，让人叹为观止。

　　在我国的传统文化中，红色被视为一种喜庆的正色，象征着庄严、幸福、富贵、吉祥。黄色，则是中华民族文化和文明的象征，在五行（火水木金土）学说里代表中央方位（中央属土，土为黄色），被视为尊贵的象征，是封建帝王的专属色、主题色。黄色象征以君主为中心的统治地位，神圣尊贵且不可侵犯。故宫是皇帝居住的地方，皇帝为九五至尊，自然要用最尊贵的颜色，所以红墙黄瓦、朱门金钉，成为故宫视觉上最重要的标志。

雕梁画栋

是我国古代独特的一种建筑艺术，就是在栋梁等木结构上雕刻花纹并加上彩绘，从而使古代建筑生成一种豪放赫然的气势。故宫内的建筑多为木结构，这些精美的建筑彩画，色彩斑斓，构图庄重典雅，不仅起到防腐、防潮的作用，也是区别封建等级的象征。

琉璃瓦

不仅色彩鲜艳、流光溢彩，宛若琉璃，而且质地坚硬，防水耐冻。烧制时加入的釉彩不同，最终得到的琉璃瓦颜色也各不相同。

五行

中国古人认为五行是产生自然万物本源的五种元素，即水（黑）、火（红）、木（青）、金（白）、土（黄）相生相克的原理，赤火与黄土相生，是吉相。红色为火，火生中央土，皇宫用红色饰墙是为了火生土，让皇家天下有稳固的基础和有力的支持。

华夏民族对供给人们衣食住行的黄土大地，有一种特别崇仰和依恋的感情，黄土之色受到了独尊的崇奉。因此，黄色象征着尊贵。从隋朝以后，皇帝就开始穿黄龙袍，黄色就成了帝王独占的颜色。

故宫的建筑很多采用重檐式屋顶，庞大的屋顶仿佛要把屋身压塌，为了解决屋顶对屋身造成的视觉压迫，建筑师利用明度高的颜色显得轻飘的特点，使用了金黄色的琉璃瓦盖顶，整座宫殿立刻变得稳如泰山。

瑞兽呈祥，国泰民安

相传，明成祖朱棣修建紫禁城时，天上的玉皇大帝曾经下赐"飞禽走兽"，为人间的共主镇守紫禁城，结果紫禁城里就多了很多的小动物。在紫禁城建筑群的殿脊和屋脊上，我们随处可以看到各种各样的琉璃装饰件，它们主要有两类——脊兽和螭吻，分别有着不同的象征意义。

除了屋脊上的瑞兽以外，故宫还有多如繁星的龙纹和龙饰。廊柱上的盘龙，石栏上的雕龙……它们栩栩如生，气势撼人。宫门上的铺首、台基上的螭首等，据说都是龙的儿子，所谓"龙生九子，各司其职"，它们一起护佑着故宫的万间广厦。

瑞兽因礼制排序，多用奇数，至多不过九个，如东西六宫各五个，坤宁宫七个，乾清宫九个，太和殿是唯一有十个脊兽的建筑。这也说明了太和殿在众多宫殿中的至尊地位。

螭（chī）吻

太和殿顶部正脊两端，各有一个龙头，张开大嘴吞咬殿梁，尾巴向上卷起。这个造型的动物叫作螭吻，是古代传说龙生九子之一。传说它好张望，喜欢咬东西，肚里能容纳很多水，需要时便会喷出。因此，人们把它安放在屋顶上，一来可以守望家园，辟邪驱祟；二来能保护木结构建筑免受火灾。

骑凤仙人　龙　凤　狮子　天马　海马　狻猊　狎鱼　獬豸　斗牛　行什　双角龙

脊兽

　　紫禁城内还住着一群能呼风唤雨、驾驭吉凶的动物。它们雄踞在紫禁城各个宫殿的屋脊上，日夜守护着大殿的平安，这就是我们所说的脊兽。每种脊兽都蕴含着不同的意义，或辟邪消灾，或防火避雷。脊兽越多，代表宫殿的等级越高。

　　太和殿是全国等级最高的殿宇，其屋脊上依次安坐着骑凤仙人（是仙人走兽中的首兽，不算脊兽）、龙、凤、狮子、天马、海马、狻猊（suān ní）、狎（xiá）鱼、獬豸（xiè zhì）、斗牛、行什（xíng shí）。每个脊兽形态各异，含义也各不相同。这些脊兽不仅是宫殿上的装饰物，也是屋顶防止雨水侵蚀渗漏和松散脱裂的重要部件，是实用构件与艺术造型巧妙结合起来的典范。

前朝后寝，气势恢宏

　　故宫大体可分为南、北两部分，南为工作区，即前朝，也称外朝；北为生活区，即后寝，也称内廷。前者是皇帝办公的地方，后者是皇帝生活的地方。古人认为：外朝为阳，内廷为阴，奇为阳，偶为阴。所以外朝建筑布局多用奇数，比如我们后面要提到的"三朝五门"皆属外朝；内廷建筑多用偶数，比如乾、坤二宫（交泰殿是后建的）以及东西六宫。

　　东六宫分别是景仁宫、承乾宫、钟粹宫、延禧宫、永和宫和景阳宫。西六宫分别是永寿宫、翊坤宫、储秀宫、咸福宫、长春宫和启祥宫（太极殿）。

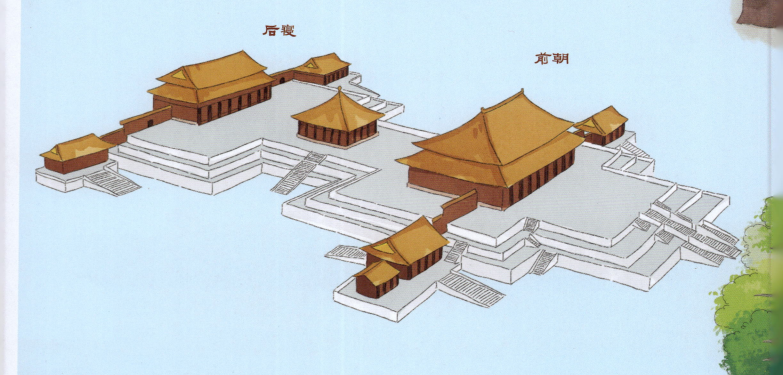

后寝　　　　前朝

　　外朝以太和殿（又称金銮殿）、中和殿、保和殿三大殿为中心，东西以文华殿、武英殿为两翼，是皇帝办理朝政大事、举行重大庆典的地方。其中太和殿是宫城中等级最高、最为堂皇的建筑，皇帝登基、大婚、册封、命将、出征等盛大仪式或庆典都在这里举行。前朝的建筑造型宏伟壮丽，庭院明朗开阔，象征封建政权至高无上。故宫的设计者认为这样才能显示皇帝的威严，震慑天下。

外朝的后面是内廷，内廷以乾清宫（皇帝卧室）、交泰殿、坤宁宫为中心，东西两翼有东六宫、西六宫（皇妃宫室），这就是人们常说的皇帝的"三宫六院"，是皇帝平日处理日常政务及皇室居住、礼佛、读书和游玩的地方。这里的建筑布局紧凑，庭院深邃，东西六宫都自成一体，各有宫门宫墙，相对排列，秩序井然，加以楼、阁、亭、榭掩映其间，幽雅而恬静。

御花园位于坤宁宫后方，明代称为宫后苑，清代称御花园，是古代帝后嫔妃休憩游览的地方。园内景色优美，楼阁参差，青竹翠蔓，山石辉映，四季常青。

御花园

三朝五门，功能分明

　　皇帝是九五至尊，居于天下的中心，要想走到皇帝居住的地方，也就是都城的中心，就需要通过五道门。这五道门分别是皋门（皇宫最外层的大门）、库门（皇宫仓库之门）、雉门（皇宫的宫门）、应门（治朝之门，取君王应天之命而为人君之意）、路门（燕朝之门，门内即为天子及妃嫔燕居之所）。明清时期的"五门"略有不同，明代五门为：大清门（大明门）、天安门、端门、午门、太和门。清代五门的位置就是从天安门开始，然后是端门、午门、太和门和乾清门。

　　"五门"划分出的三个行政区域称"三朝"，分别是外朝、治朝、燕朝。外朝的主要功能是举办大规模礼仪性朝会，治朝的主要功能是日常议政朝会，燕朝的主要功能是定期朝会。朱棣在这三大中心区域建成了三大殿，分别是太和殿、中和殿、保和殿，代表三朝，也代表对天下的统治。

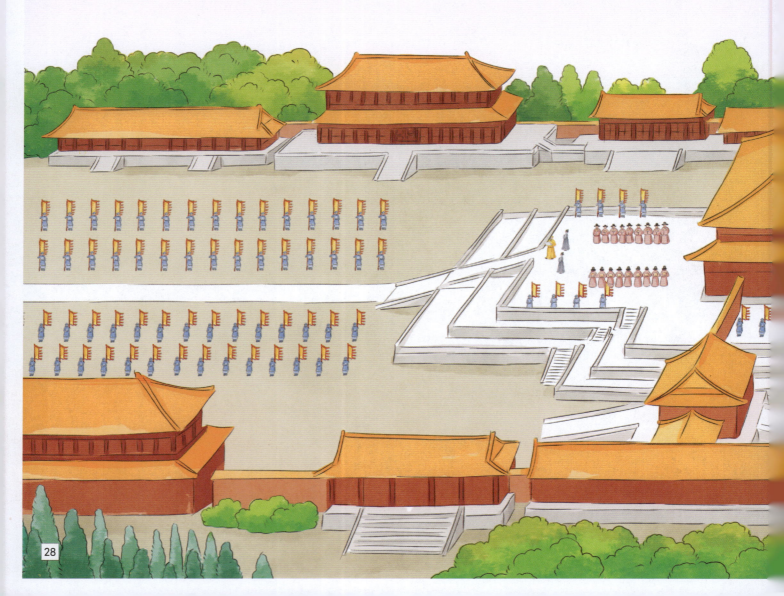

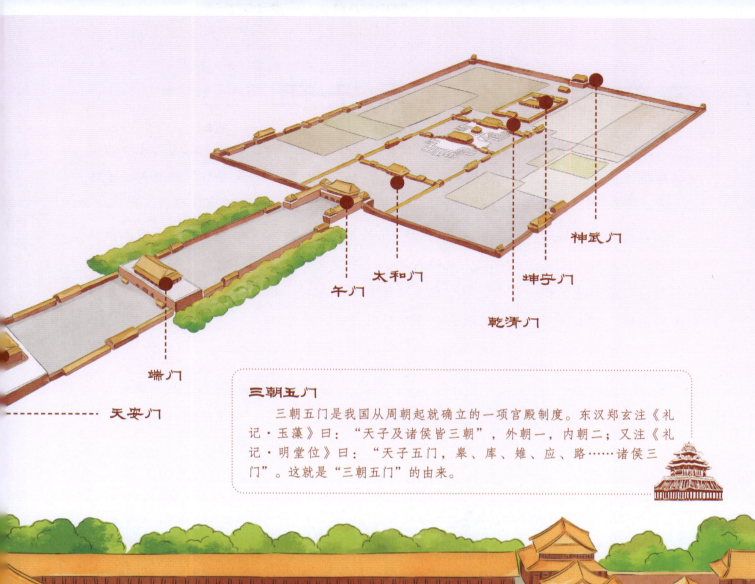

神武门

太和门

午门

坤宁门

乾清门

端门

天安门

三朝五门

　　三朝五门是我国从周朝起就确立的一项宫殿制度。东汉郑玄注《礼记·玉藻》曰："天子及诸侯皆三朝"，外朝一，内朝二；又注《礼记·明堂位》曰："天子五门，皋、库、雉、应、路……诸侯三门"。这就是"三朝五门"的由来。

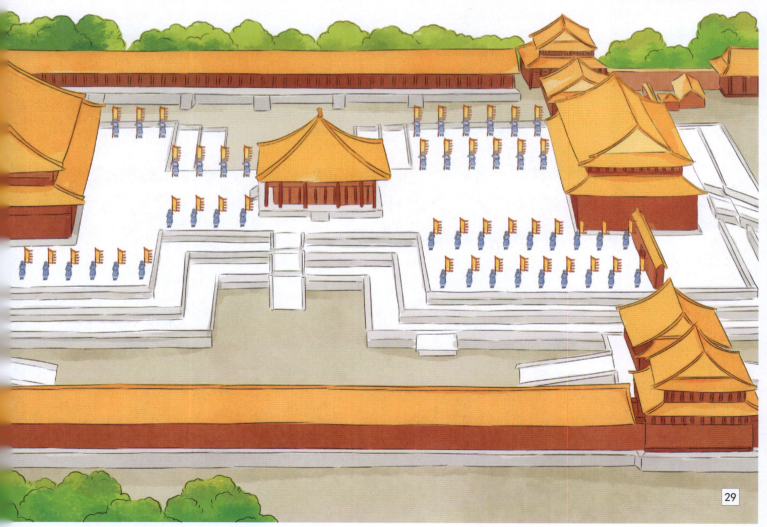

左祖右社，敬天法祖

　　对祖先的祭祀崇拜是中国封建社会宗法制的核心。自古以来，中国人就有着深深的祖先崇拜情结。北京作为中国封建社会后期的政治、文化中心，"敬天法祖"的思想更是深入人心。由于"社稷"被认为是天下的象征，所以，历代帝王都非常重视社稷的祭祀。

　　故宫的建造遵从着"左祖右社"的传统规制，即在左前方设祖庙，祖庙是帝王祭拜祖先的地方，因为是天子的祖庙，故称太庙，是中华礼乐文化的源头和中心；右前方设社稷坛，社为土地，稷为粮食，社稷坛是帝王祭祀土地神、粮食神的地方，它体现着对农业的重视，对土地、对自然的敬畏，以及对国家兴亡的关注。

　　祭坛和祠庙都是祭祀神灵的场所。台而不屋为坛，设屋而祭为庙。此类建筑群均以祭祀为重要功能，带有十分强烈的礼制乃至宗教的色彩，包含了中国古人"天人合一""慎终追远""事死如事生"等文化理念，千百年来，对世界产生了深远的影响，使中国享有礼仪之邦的美誉。

> **社稷**
> 　　社，指的是土地神；稷，指的是五谷神。

太庙祭祖

社稷坛

五色土

　　社稷坛坛上采用古代"东方苍龙、西方白虎、南方朱雀、北方玄武"和"中央黄"的说法铺垫五色土。东为青色土，西为白色土，南为赤色土，北为黑色土，中为黄色土，借此象征"普天之下莫非王土"。

礼乐文化

　　"礼"是指尊祖、祭祖与祭祀天神地祇活动中的一些仪节规范；而"乐"是与这些礼仪活动相配合的乐舞。"礼"和"乐"相辅相成，形成"礼乐文化"。

微信扫码
线上寻宝

● 峡谷闯关
● 成就打卡
● 音频探秘
● 动画宝箱

防火措施

　　故宫的建筑原材料多为木材，一旦着火，就会殃及整个建筑群。为了避免火灾发生，工匠们就从选材、设计、设施等方面做了充分考虑。在建造宫殿时，人们常常会把木质结构包裹起来。比如建造红本、实录等重要的档案库房时，人们在四周砌上厚重的砖墙，顶上采用硬山式黄琉璃瓦屋顶，不露出木质构件，极大程度地控制了火灾的发生。为了防止火势蔓延，各殿院之间通常还用山墙作隔断。

　　故宫的宫殿边上摆放着许多铜制或铁制的水缸，它们被称为"吉祥缸"。这些缸中常年都装有清水，一旦发生火灾，人们就可以从缸中取水扑灭火焰。冬天为了防止水缸被冻住，人们还会在缸的外面套上棉套，给缸盖上盖子，甚至还会在缸下烧炭。

除了上述防火措施，古人防火还有着自己的一套习惯：冬凿冰、夏注水、春除草、秋清叶。冬天将冻上的河水凿破，夏天在缸里注满水，春天铲除宫殿里的杂草，秋天清理落下的枯叶，这些都是为了预防火灾而做的准备工作。

故宫还有一个标志性的防火结构，就是前面提到的螭吻。螭吻一般高于建筑的其他位置，如果有雷电会先劈到它，所以也起到一定避雷防火的作用。

据古籍记载，紫禁城在明朝共遭受过13次雷击，其中有6次击中了宫殿屋顶的螭吻，导致螭吻受损，但宫殿却安然无恙。

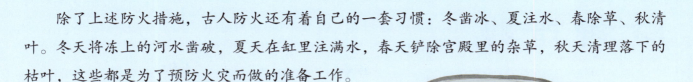

故宫内的"吉祥缸"共有308口，能容纳2000多升的水，是灭火的大功臣。

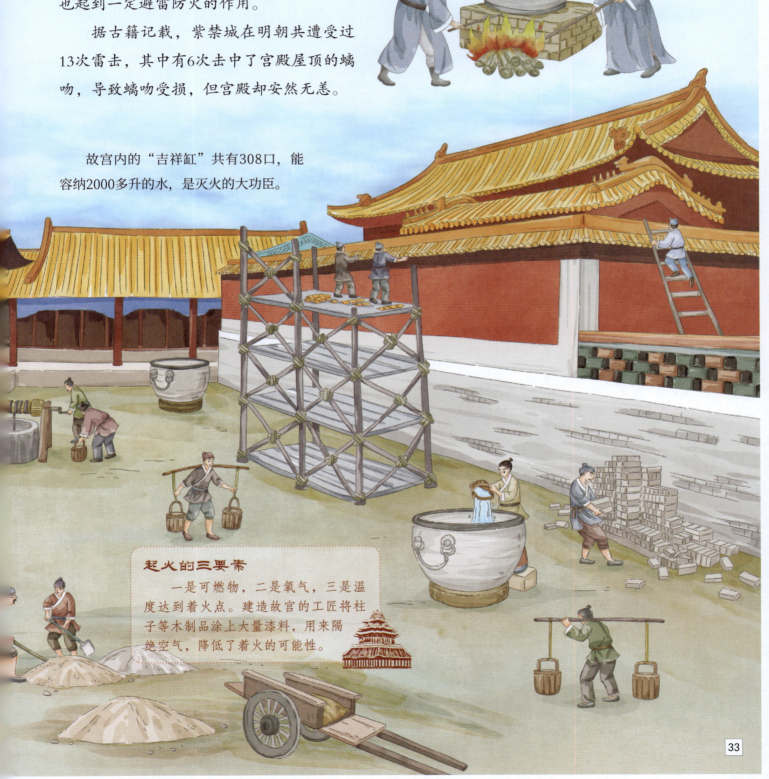

起火的三要素

一是可燃物，二是氧气，三是温度达到着火点。建造故宫的工匠将柱子等木制品涂上大量漆料，用来隔绝空气，降低了着火的可能性。

防御措施

　　为了预防刺客和盗贼，确保皇帝的安全，紫禁城的四周修筑了十几米高的城墙，并挖掘有宽广的护城河。紫禁城西北侧的白塔山上还修建有信炮，驻扎在京城的卫士听到信炮响声，就会迅速行动，赶往宫内救驾。

　　紫禁城设有腰牌与合符，上面刻有允许进入紫禁城的人员身份信息，由紫禁城四个大门的守卫人员负责查验。除了皇室成员、官员以及太监宫女外，闲杂人员是无法进入皇宫的。

角楼

角楼

　　角楼用于军事瞭望，是紫禁城重要的防御措施。据说在建造角楼的时候，朱棣下令每座角楼必须有九梁十八柱、七十二条脊，修建不出来就要杀头，这可把工匠们愁坏了。一位老木匠为给大伙解闷，就拎了一个蝈蝈笼到工地上溜达，人们突然发现蝈蝈笼刚好有九梁十八柱、七十二条脊。受此启发，工匠们终于修建出满足皇帝要求的角楼。

见此图标
微信扫码

挑战地理知识闯关
观看趣味科普动画

为了防止皇帝在太和殿广场举办大型活动时，被刺客挖地洞进宫偷袭，太和殿广场的地砖竟然铺设高达15层之厚。另外，在紫禁城内还有一种非常有意思的报警装置——"石别拉"，俗称石海哨。石海哨是一种球形的柱头，上面开有小孔，内部被掏空装有小石球，通常设置在栏杆的柱顶上。一旦发现险情，侍卫们就会用特制的铜管插入孔中，用力一吹就能发出呜呜的响声，声音十分嘹亮，能够迅速传遍紫禁城。

士兵巡逻

石海哨

护城河

开挖于明代永乐初年，俗称筒子河。护城河距城墙20米，河宽52米，周长3840米，水深5米。护城河水源来自京师西郊玉泉山，经积水潭、后海、什刹海、北海入濠洞，向东经景山西墙下，流入紫禁城西北角入护城河。

馆藏的宝物

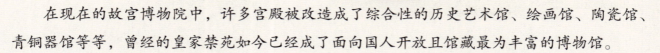

1911年辛亥革命，推翻了封建统治。随着清王朝的没落，紫禁城这座曾经辉煌一时的皇家宫禁终于走上了开放之路。1925年10月10日，国民政府在北京故宫紫禁城内建立了故宫博物院。

在现在的故宫博物院中，许多宫殿被改造成了综合性的历史艺术馆、绘画馆、陶瓷馆、青铜器馆等等，曾经的皇家禁苑如今已经成了面向国人开放且馆藏最为丰富的博物馆。

故宫博物院既是明清故宫（紫禁城）建筑群与宫廷史迹的保护管理机构，也是以明清皇室旧藏文物为基础的一座综合性博物馆。其收藏的文物体系完备，涵盖古今，品质精良，品类丰富。据统计，故宫博物院收藏的文物共1807558件（套），珍贵藏品168万件，其中，93.2%都是国家珍贵文物。这些文物珍品，无论是制作工艺、收藏年代，还是艺术价值，每一个都可以称得上价值连城。它们是中华民族的骄傲，也是全人类的珍贵文化遗产。

宫廷之宝

乾隆款金瓯永固杯，皇帝的专用杯，也是每年元旦举行仪式时，清代皇帝用到的物品。金瓯永固杯寓意大清的疆土政权永固。

玉器之宝

青玉云龙纹炉，宋代的一件仿古青铜器玉器，以青铜簋为蓝本，上饰游龙、祥云和海水纹。炉底有乾隆皇帝题写的七言诗。

漆器之宝

"张成造"剔犀云纹盘，元代的剔犀漆器，技艺十分精湛，历来被认为是绝世精品。漆盒的左侧边缘，有针刻的元代著名雕漆艺人"张成造"三字。

珐琅之宝

掐丝珐琅缠枝莲纹象耳炉，元代珐琅工艺的代表作品。浅蓝釉地，上面有黄、白、红、紫四色菊花12朵。炉的整体造型端庄敦厚，十分经典。

书画之宝

　　北宋张择端绘制的《清明上河图》，描绘了京城汴梁以及汴河两岸的繁华景象和自然风光，画中人物500多位，他们神情各异，栩栩如生。

法帖之宝

　　西晋陆机的《平复帖》是目前存世最早的名人墨迹之一，该书札是陆机向朋友问候疾病。其点画形态、墨法变化等丰富灵动，十分经典。

陶瓷之宝

　　郎窑红釉穿带直口瓶。瓶体通身施红釉，釉色浓重，宛若天成，底部有乾隆题诗"晕如雨后霁霞红，出火还加微炙工"。

钟表之宝

　　黑漆彩绘楼阁群仙祝寿钟，乾隆时期珍品。钟盘上的5个上弦孔分别控制5种功能：走时、报时、报刻、开关门、打乐。

青铜之宝

　　酗亚方尊是祭祀王后和太子的宝器。这件器物以兽面纹和夔（kuí）纹为主要纹饰，也是不可多得的传世之作。

故宫的亲戚

提起故宫，人们通常想到北京的故宫博物院（紫禁城）。其实，除了北京故宫博物院，还有南京故宫博物院、沈阳故宫博物院和台北故宫博物院，这三大博物院与北京故宫博物院都有着一定的历史渊源。它们馆藏丰富，都是中国历史文化的宝库。

南京故宫

是明王朝在应天府（南京）修建的皇家宫殿，又称明故宫，是中国宫殿建筑的集大成者，也是遵循礼制秩序的典范，是北京故宫的蓝本，其建筑风格、装饰风格作为中国明清官式建筑的母版，影响至今。

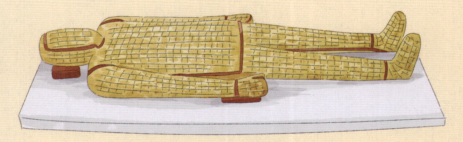

金缕玉衣

主要出土于河南、江苏、河北、安徽、山东，是汉代（公元前206年—公元220年）皇帝和高级贵族死后穿用的殓服，外观与人体形状相同。玉衣是穿戴者身份等级的象征，皇帝及部分近臣的玉衣以金线缕结，称为"金缕玉衣"，其他贵族则使用银线、铜线编造，称为"银缕玉衣""铜缕玉衣"。

错银铜牛灯

东汉青铜器，1980年出土于江苏扬州市甘泉2号东汉墓，现收藏于南京博物院。通高46.2厘米，身长36.4厘米，全器作牛驮灯盏造型。在制作时巧用铜、银两种不同材质的色泽，形成颜色的完美搭配。整体纹饰线条流畅，飘逸潇洒，是汉代众多青铜灯具中实用与艺术完美结合的上乘之作。

皇太极御用腰刀

清太宗皇太极的御用之物，是清初以武力开国的物化象征。

清乾隆款嵌珐琅缠枝花卉钵

清代的大件陈设品。钵上满饰了缠枝莲纹和八宝图案，其下的八朵宝相花与八宝纹饰彼此相对应，寓意着"莲托八宝"。

沈阳故宫

是清王朝入关前在东北沈阳修建的王宫，清王朝迁都北京后，这里成为清朝皇帝回东北祭祖时的行宫。现在称沈阳故宫。沈阳故宫在彩画雕刻等建筑装饰方面有着浓烈的东北风情，体现出多民族宫殿建筑的文化特点。

毛公鼎

西周晚期由宗教转向世俗生活的代表作品，由作器人为毛公而得名。整个造型浑厚凝重，饰纹简洁古雅朴素，具有浓厚的生活气息。

"青玉白菜"玉雕

是由翠玉所琢碾出白菜形状的玉器，相传是清代光绪皇帝的瑾妃出嫁时，家里为她准备的陪嫁之物，与东坡肉形石和西周毛公鼎，被称作台北故宫的"镇馆三宝"。

台北故宫

台北故宫博物院建成于1965年，是中国三大博物馆之一。其中收藏着中华人民共和国成立前夕，由南京故宫博物院运送至台湾的约60万件文物珍品。它和北京故宫博物院一样，都是中国历史文化的宝库。

故宫的历史变迁

"一座紫禁城，半部中国史。"故宫（紫禁城）从明成祖朱棣1406年肇建至今，已经历600多年的风风雨雨。600年来，故宫就像一座历史的大舞台，先后有24位皇帝在这里演绎了自己的历史角色。故宫见证了历史，也经历了各种各样的变迁和考验。

1406年（明永乐四年），明成祖颁诏迁都北京，下令仿照南京皇宫营建北京宫殿。

1420年（明永乐十八年），北京宫殿竣工。次年发生大火，前三殿被焚毁。

1441年（明正统六年），重建前三殿及乾清宫。

1557年（明嘉靖三十六年），紫禁城大火，前三殿、奉天门、文武楼、午门全部被焚毁，1561年焚毁部分全部重建完工。

1597年（明万历二十五年），紫禁城大火，前三殿（太和殿、中和殿、保和殿）及后三宫（乾清宫、交泰殿、坤宁宫）被焚毁。

1627年（明天启七年），紫禁城前三殿和后三宫的复建工程完工。

1644年（明崇祯十七年），李自成军攻陷北京，明朝灭亡。李自成撤退前焚毁紫禁城，仅武英殿、建极殿、英华殿、南熏殿、四周角楼和皇极门未焚，其余建筑全部被毁。同年清顺治帝从沈阳迁都至北京。此后历时14年，将中路建筑基本修复。

1683年（清康熙二十二年），开始重建紫禁城其余被毁部分建筑，至康熙三十四年基本完工。

1735年（清雍正十三年），清高宗（乾隆帝）即位，此后60年间对紫禁城进行大规模增建和改建。

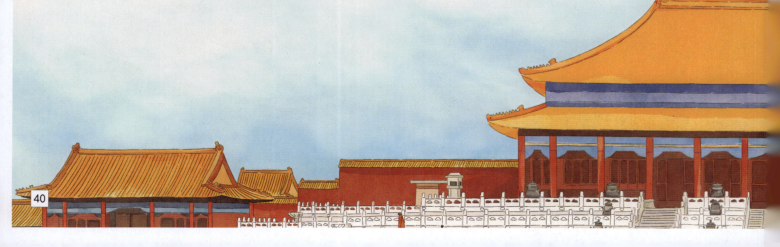

1813年（清嘉庆十八年），天理教教徒林清率起义军攻打紫禁城。

1900年，八国联军攻陷北京。八国联军在紫禁城阅兵。

1911年，武昌起义爆发，清帝退位。但按照与"中华民国"签订的优抚条件，仍然居住于紫禁城内。

1923年，紫禁城中的建福宫发生火灾。

1924年，冯玉祥发动"北京政变"，驱逐清帝爱新觉罗·溥仪。

1925年，在原紫禁城的基础上建立故宫博物院。

1933年，故宫博物院文物南迁，以躲避日本侵略。

1948年，故宫博物院南迁文物部分运往台湾。

1949年1月，北平（北京）稳定后，故宫博物院恢复开放。

1961年，经国务院批准，北京故宫被定为全国第一批重点文物保护单位。

1987年，北京故宫被联合国教科文组织列入世界文化遗产名录。

2002年，北京故宫开始进行为期19年的大修。

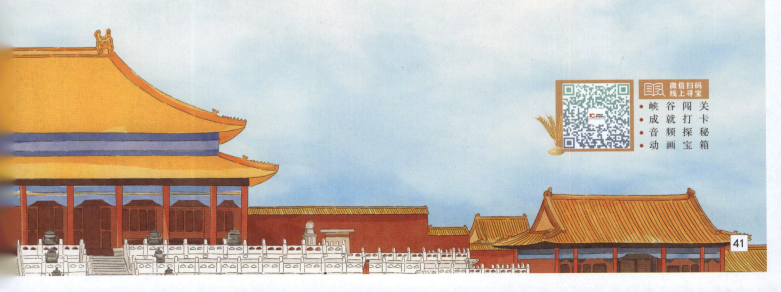

微信扫码
线上寻宝

峡 谷 闯 关
成 就 打 卡
音 频 探 秘
动 画 宝 箱

图书在版编目（CIP）数据

故宫 / 姚青锋，李春青主编 ；书香雅集绘.
长春 ：吉林科学技术出版社，2025.4. --（少年中国地理）.--ISBN 978-7-5744-2241-4
Ⅰ．K928.74-49
中国国家版本馆CIP数据核字第2025KK4646号

少年中国地理
SHAONIAN ZHONGGUO DILI

故宫
GUGONG

主　　编　姚青锋　李春青
绘　　者　书香雅集
策 划 人　于　强
出 版 人　宛　霞
责任编辑　李思言
助理编辑　丑人荣
幅面尺寸　210 mm×285 mm
开　　本　16
印　　张　18（全6册）
字　　数　228千字（全6册）
印　　数　1～5 000册
版　　次　2025年4月第1版
印　　次　2025年4月第1次印刷

出　　版　吉林科学技术出版社
发　　行　吉林科学技术出版社
地　　址　长春市福祉大路5788号出版大厦A座
邮　　编　130118
发行部电话/传真　0431-81629529　81629530　81629531
　　　　　　　　　81629532　81629533　81629534
储运部电话　0431-86059116
编辑部电话　0431-81629516
印　　刷　吉林省吉广国际广告股份有限公司

书　　号　ISBN 978-7-5744-2241-4
定　　价　168.00元（全6册）

地理藏宝图

扫码打开

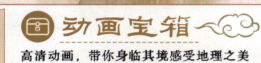

动画宝箱

高清动画，带你身临其境感受地理之美

音频探秘

科普音频，在声音的世界里探秘万里山河

成就打卡

线上打卡，记录你的阅读寻宝之旅

峡谷闯关

地理知识互动答题，挑战成为地理小达人

微信扫码线上寻宝

书香雅集

长　江

姚青锋　朱雪梅◎主编　书香雅集◎绘

吉林科学技术出版社

目·录

峡谷闯关
成就打卡
音频探秘
动画宝箱

24 长江上的名城

26 山城雾都：重庆

28 天之骄子：成都

30 九省通衢：武汉

32 六朝古都：南京

34 东方明珠：上海

36 黄金水道

38 一桥飞架南北

40 共饮一江水

长江

长江之源

在古老的中国大地上，有一条大河从青藏高原的唐古拉山缓缓走来，流过雪山下飘动的经幡，流过香格里拉壮美的峡谷，流过白帝城声声的猿啼，流过洞庭湖浩渺的烟波，流过上海滩闪烁的霓虹，从崇明岛汇入茫茫东海，这就是长江。

长江源

经幡

文成公主庙

乐山大佛

藏羚羊

长江全长6300多千米，流经青海省、西藏自治区、四川省、云南省、重庆市、湖北省、湖南省、江西省、安徽省、江苏省、上海市共11个省级行政区，它奔流不息，滋养了中华民族的生命，使长江流域的人类文明洋溢着勃勃生机。

三江源

　　三江源自然保护区位于青藏高原腹地、青海省南部，是长江、黄河和澜沧江的源头汇水区。这里水资源丰富，河流纵横，湖泊众多，沼泽地密布，还有面积广大的现代冰川，是三条大河径流补给的主要源泉，被誉为"中国水塔"。

婺源

上游

长江流域

长江流域面积达180多万平方千米，遍及17个省、区、市，占全国陆地总面积的五分之一。按照不同的水文、地貌特征，长江干流通常被划分为上游、中游和下游三段。从长江的源头至湖北宜昌为上游段，宜昌至江西湖口为中游段，湖口以下为下游段。

上游

长江上游长约4500千米，流域面积约100万平方千米。蜿蜒穿行于青藏高原，在川江段（宜宾至宜昌）水流量增大，江面变宽。

中游

长江中游长约950千米，流域面积约68万平方千米。两岸湖泊众多，主要有洞庭湖和鄱阳湖两大水系。

下游

长江下游长约930千米，流域面积约12万平方千米。水深江宽，在入海口处流速减缓，海水倒灌，泥沙沉积，形成了众多沙洲。

江苏省扬州、镇江一带的长江干流又称"扬子江"。有时也用"扬子江"泛指整个长江。

江苏

上海

下游

宜昌

中游

湖口

洞庭湖

鄱阳湖

支流与湖泊

长江的支流众多，从上游到下游，主要有雅砻江、岷江、沱江、赤水河、嘉陵江、乌江、沅江、湘江、汉江、赣江、青弋江和黄浦江等。

亦称昆明湖、滇海，是云南省最大的淡水湖，有高原明珠之称。

雅砻江

嘉陵江

沱江

岷江

赤水河

滇池

长江每年的入海总径流量达到了一万亿立方米，是黄河的20倍。仅次于亚马孙河和刚果河，居世界第三。长江流域的主要湖泊有滇池、洪泽湖、洞庭湖、鄱阳湖、巢湖和太湖等。

古称富陵湖，素有"日出斗金"的美誉，是我国第四大淡水湖。

洪泽湖

俗称焦湖，地势独特，历来为"天下有事是必争之地"。

巢湖

黄浦江

太湖

又称五湖，位于长江三角洲的南缘，是我国第三大淡水湖。

汉江

是我国第七大淡水湖，湖北省第一大湖，有"湖北之肾"的美称。

清江

洪湖

青弋江

鄱阳湖

古称彭泽、彭湖，"泽国芳草碧，梅黄烟雨中"，是我国第一大淡水湖。

洞庭湖

乌江

沅江

古称云梦、九江和重湖，号称"八百里洞庭"，是我国第二大淡水湖。

赣江

清水江

湘江

长江三峡

　　长江三峡是长江中游的一段峡谷，西起重庆奉节县的白帝城，东至湖北宜昌市的南津关，由瞿塘峡、巫峡和西陵峡组成，全长190多千米，其中峡谷段90公里。两岸高山对峙，崖壁陡峭，江面最窄处不足百米。江中滩峡相间，水流湍急，形成了独特的自然奇观。

早发白帝城

〔唐〕李白

朝辞白帝彩云间，千里江陵一日还。
两岸猿声啼不住，轻舟已过万重山。

长江三峡之所以显得山高水急，主要是因为这一段河流的侵蚀力强，不断下切山谷，才会造成险峻的地貌。

瞿塘峡

    别名夔门，长约8千米，两岸断崖如削，是三峡当中最短、最险峻的一个。

巫峡

    绵延45千米，峡谷幽深秀丽，以俊秀著称天下，是三峡中风景最美的一段。

西陵峡

    长约66千米，其航道曲折、怪石林立、滩多水急、行舟惊险，是长江三峡中最长的一个。

巴蜀文化

　　巴蜀文化是指长江上游，以四川盆地中成都的蜀和重庆的巴所代表的文化。早在人类起源时代，就先后有巫山人和资阳人的出现。到新石器时代，特别是晚期由文化积累到文明诞生的时代，巴蜀经历了独特的灰陶文化时代、玉器文化时代和青铜文明时代。以广汉三星堆和成都金沙遗址为代表的殷商西周时期古蜀文化，展示了玉器时代的独放异彩和青铜文明的不同凡响。

长江号子

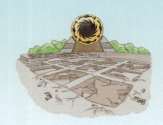
金沙古国遗址

大溪文化遗址

　　巴文化国家重点保护遗址：罗家坝遗址（四川宣汉县）、城坝遗址（四川渠县）。
　　蜀文化国家重点保护遗址：三星堆遗址（四川广汉市）、金沙遗址（成都市青羊区）。

微信扫码
线上寻宝
● 峡谷闯关
● 成就打卡
● 音频探秘
● 动画宝箱

李白　　苏轼　　司马相如

两千年来，巴蜀文化在不断积累和发展中，为我们留下了神奇而独特的历史和人文遗产，也涌现出一批如司马相如、扬雄、陈子昂、李白、苏轼等"文章冠天下"的文化巨人。

长江两岸的中华儿女繁衍生息了几千年，勤劳、勇敢、智慧，他们用自己的双手创造了令世人瞩目的巴蜀文化、荆楚文化和吴越文化。这些文化浩浩荡荡，如长江之水生生不息，成为中华文明的重要组成部分。

蜀锦

三星堆出土文物

三星堆遗址

荆楚文化

长江中游地区是荆楚文化的摇篮，更是中国古代文明重要的组成部分。别具特色的青铜铸造工艺、领袖群伦的丝织刺绣工艺、八音齐全的音乐、巧夺天工的漆器制造工艺等，都是十分宝贵的文化遗产。从炎帝神农"勤廉仁俭"到孝廉文化，从三国文化故乡到红安、大悟两个著名的将军县，无数优秀传统文化和先进事迹，感染着一代代中国人。

毕昇活字印刷术

战国漆器

屈家岭陶豆

马王堆文物

荆楚大地，人才济济，世界名人屈原、汉赋开山宋玉、山水田园诗人孟浩然、茶圣陆羽、书画双绝的米芾、活字印刷术发明者毕昇、医圣李时珍、文学家"公安三袁"等都诞生于这里，在中国历史上影响深远。

楚辞被喻为中国浪漫主义文学的源头，对于其后产生的汉赋更有直接的影响。

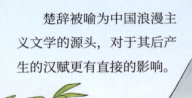

屈原

荆楚文化因楚国和楚人而得名，是周代至春秋战国时期在江汉流域兴起的一种地域文化。它主要是指以当今湖北地区为主要辐射地的古代荆楚历史文化。

端午节和雕花剪纸更是被列入了世界级非物质文化遗产名录。

神农氏

编钟乐舞

炎帝神农是中国古代五帝之一，神农故里即今湖北随州一带。神农文化标志着中华文明完成了向农耕时代的过渡。炎、黄二帝同时被尊崇为中华文明的开创者和中华民族的人文始祖。

李时珍

黄梅戏

茶圣陆羽编《茶经》

武当山道教

见此图标 微信扫码
挑战地理知识闯关，观看趣味科普动画

吴越文化

　　吴越文化又称江浙文化，生存于长江下游地区，这里也是中国历史上著名的江南。它具有"饭稻羹鱼"的经济结构和饮食习惯，有舟楫、农耕、印纹硬陶、土墩墓、悬棺葬以及好勇尚武、淫祀（yín sì）和断发文身等鲜明特征。吴越文化从河姆渡文化、良渚文化一路走来，历经数千年的风雨飘摇，风采依旧。

黑陶　　　　　　玉器

良渚文化遗址

　　良渚文化遗址位于浙江省杭州市瓶窑镇，核心部分位于良渚古城，该文化遗址最大特色是所出土的玉器。玉器包含有璧、琮、冠形器、玉镯、柱形玉器和玉钺等诸多器型，是人类早期文化遗址之一。

崧泽文化遗址

　　崧泽（sōng zé）文化上承马家浜文化，下接良渚文化，是长江下游太湖流域的重要文化阶段。

河姆渡文化

　　河姆渡文化是指中国长江流域下游以南地区古老而多姿的新石器时代文化（距今约7000年前）。黑陶是河姆渡陶器的一大特色；在建筑方面，遗址中发现大量"干栏式房屋"的遗迹。

中国最早的木构房子——干栏式建筑

发达的玉文化、瓷文化、丝绸文化体现了吴越文化"丽质秀色"的品性；江南秀润清丽的自然环境，产生了清秀细腻、富于诗意的江南文人风尚，这种风尚无论在文学、书画还是工艺美术上，都成为江南，甚至全中国的主流；便捷的水运、海运条件，更是唐、宋海上丝绸之路的起点，远销西亚的瓷器和日本的饮茶风俗，都由这里输出到国外。

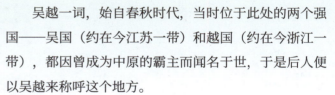

海上丝绸之路

王羲之著
《兰亭集序》

陶渊明著
《归去来兮辞》

谢灵运
山水诗鼻祖

吴越一词，始自春秋时代，当时位于此处的两个强国——吴国（约在今江苏一带）和越国（约在今浙江一带），都因曾成为中原的霸主而闻名于世，于是后人便以吴越来称呼这个地方。

折戟沉沙

　　中国古代运输极其不便，因此大宗物资的投放主要靠水道，长江这一条贯穿东西全境、水量充沛的大江，以及其干支流体系，在战争时期特别是冷兵器时代绝对堪称天险，往往就构成了所谓的"兵家必争之地"。

　　历史上，发生在长江流域的战役有隋灭南陈之战，宋军截击金军的黄天荡之战，蒙元时期的襄阳之战，元末明初的鄱阳湖水战等。其中三国时期的赤壁之战，是我国历史上第一次在长江流域进行的大规模江河作战，也是我国历史上以少胜多、以弱胜强的著名战役之一。

赤壁之战

　　曹操率二十万众顺江而下，东吴的左右督周瑜、程普各自督领一万五千精兵，与刘备军队一起逆江而上，与曹军相遇在赤壁。孙刘联军大破曹军，烧毁了大量的曹军舟船。经过这场战役，孙权、刘备各自夺去荆州的一部分，奠定了三国鼎立的基础。

都江堰

　　岷江是长江上游水量最大的一条支流。它贯穿成都平原，自古就是蜀地最重要的河流之一。先秦时期，岷江经常泛滥，给两岸百姓带来了深重的灾难。为抵御水患，秦国太守李冰及其儿子主持修筑了都江堰，使岷江之水变害为利，成都平原从此成为"水旱从人，不知饥馑"的天府之国。

　　都江堰是世界上最早的无坝引水工程，解决了江水自动分流、自动排沙、控制进水流量等问题，消除了水患。都江堰是全世界迄今为止年代最久、唯一留存、仍在一直使用的以无坝引水为特征的宏大水利工程，是当之无愧的世界水利文化的鼻祖。

外江　内江

枯水季节

洪水季节

鱼嘴原理　　　　　　　宝瓶口原理　　　　　　内外江原理

　　李冰根据都江堰一带的地形特点和资源条件，带领百姓将玉垒山余脉凿开，形成"宝瓶口"，并在岷江江心用砂卵石修筑了长约500米的分水岭，把岷江分为内外两江。外江是岷江正流，内江是人工引水渠。为了不使过多的洪水及泥沙进入内江灌溉渠道，李冰还在分水堤中段修筑了滚水坝——飞沙堰。

三峡大坝

　　巍峨壮丽的三峡水域，从来都不平静，历史上曾发生过数百次洪涝灾害。中华人民共和国成立后，在西起重庆市奉节县白帝城，东至湖北宜昌市南津关，全长193千米的长江三峡之上，智慧的中国人开始了三峡大坝的兴建工程。

　　三峡水电站是世界上建筑规模最大的水电站，也是世界上施工难度最大的水利工程。三峡大坝同时也是世界上水库移民最多、工程最为艰巨的移民建设工程。

三峡大坝

三峡大坝最大坝高181米，最大坝底宽126米。随着三峡水面抬升到175米，三峡防洪、发电、航运、水资源利用等综合效益全面发挥。原来险、急、弯、浅的河道，如今已能通行万吨邮轮。"截断巫山云雨，高峡出平湖。"三峡工程百年梦圆，将激励亿万国人在实现中华民族伟大复兴的征程上梦想不止、奋斗不息。

升船机其实就是建在通航河流上、为克服水位落差供船舶乘坐的电梯或自动扶梯。垂直升船机通过船厢垂直升降载着船舶上下，以克服水位落差；斜面升船机则相当于大型商场里的自动扶梯，可以载着船舶沿着斜面升降，以克服水位落差，快捷而省力。

升船机原理图

从汉代到清末的2000多年间，长江水患造成的洪灾就有214次，20世纪之后甚至愈演愈烈。中华人民共和国成立后，党和政府一直把修建三峡工程作为一件大事来办，为工程的决策和建设倾注了大量心血。三峡工程的建成大大提高了长江的防洪能力。

长江上的名城

　　长江和黄河一样，都是中华民族的母亲河，孕育了灿烂的中华文明。在长江的上、中、下游，遍布着大大小小、各具特色的名城古镇。这些名城古镇，有着丰富的历史内涵，它们承载着长江上下五千年的发展史，蕴含着丰富的人文信息，具有良好的历史文化和艺术价值。一些名城古镇逐渐发展壮大，成为当代的现代化都市。

阆中
巴蜀要冲，军事重镇

重庆
山城雾都，别具风情

自贡
千年盐都，恐龙之乡

南诏古国
大理，东巡洱海，西及点苍

丽江
三江并流，东巴遗韵

扬州
淮左名都，竹西佳处

南通
江海门户，黄金水道

南京
龙盘虎踞，天下文枢

苏州
人间天堂，物华天宝

襄阳
始于周宣，兵家必争

武汉
九省通衢，
百湖之城

上海
璀璨繁荣，东方明珠

荆州
六朝古都，旧称江陵

岳阳
江湖交汇，文化始源

景德镇
素坯勾勒，东方瓷都

昆明
依滇而建，四季如春

微信扫码
线上寻宝
· 峡谷闯关
· 成就打卡
· 音频探秘
· 动画宝箱

山城雾都：重庆

在青藏高原与长江中下游平原的过渡地带有一座"双重喜庆"的城市——重庆。它北临大巴山，东靠巫山，南倚娄山，东南还有武陵山，是一座名副其实的山城。

长江索道

往返于渝中区的新华路和南岸区的上新街的长江索道，被誉为"成渝潮流新地标"。

棒棒

重庆山多路坎，很多地方交通工具无法到达，就涌现出了一批用竹棒挑东西的人力挑夫，被人们戏称为"棒棒"。

重庆属于亚热带季风性湿润气候，降水丰富，这里一年有100多天的时间都被包裹在云雾之中，被人们亲切地形容为"雾都"。

　　重庆这样一个深受巴蜀文化影响的城市，将辣椒文化发扬到了极致，曾被中国烹饪协会评为"中国火锅之都"，这里的火锅堪称中国一绝。渝菜、重庆小吃享誉世界。

朝天门码头

　　位于重庆市东北嘉陵江与长江交汇处的朝天门码头是重庆最大的水码头。在这里，碧绿的嘉陵江水与褐黄色的长江水交汇在一起，清浊分明，别有一番特色。

天之骄子：成都

　　成都位于四川盆地西部，成都平原腹地，是全国十大古都和首批国家历史文化名城之一。这里河网纵横，农业发达，物产丰富，有着"天府之国"的美誉。"得蜀则得楚，楚亡则天下并矣"，自古以来，成都所在的巴蜀地区都是兵家的必争之地。

望江楼

　　屹立于锦江畔，朱柱碧瓦，宝顶镏金，是望江楼公园最宏丽的建筑。

漆器

　　成都漆器有木胎、麻布脱胎、纸胎、塑料胎等多个品种，其造型美观大方、工艺精巧，漆面透明如水、光亮如镜。"雕花填彩"是成都漆器的主要工艺特色。

成都曾经深受长江支流岷江的困扰：旱季土地龟裂，庄稼颗粒无收；雨季洪涝频发，农田房屋无一幸免，居住在这里的人们时常面临着家破人亡的风险。奔腾的岷江水就像一头残忍的猛兽在这片土地上撒野。直到李冰父子修建了都江堰水利工程，才将这头猛兽驯服，让伤痕累累的成都变成了"水旱从人，不知饥馑，时无荒年"的"天府之国"。

茅屋为秋风所破歌（节选）

〔唐〕杜甫

八月秋高风怒号，卷我屋上三重茅。
茅飞渡江洒江郊，高者挂罥（juàn）长林梢，
　　　下者飘转沉塘坳。

杜甫草堂

唐代大诗人杜甫的故居，他曾在此作诗240余首，《茅屋为秋风所破歌》就是在这里创作的。杜甫草堂是中国规模最大、保存最完好、知名度最高且最具特色的杜甫行踪遗迹地。

九省通衢（qú）：武汉

　　武汉位于长江中游。长江和它最大的支流汉江在此交汇，形成了武汉三镇——武昌、汉口、汉阳隔江鼎立的局面。江河纵横、湖港交织，武汉境内有100多个大大小小的湖泊，水域面积占全市总面积的1/4，被誉为百湖之城。

黄鹤楼

〔唐〕崔颢

昔人已乘黄鹤去，此地空余黄鹤楼。

黄鹤一去不复返，白云千载空悠悠。

晴川历历汉阳树，芳草萋萋鹦鹉洲。

日暮乡关何处是？烟波江上使人愁。

武汉不仅是长江中游航运中心，还是中国内陆最大的水陆空交通枢纽，有"九省通衢"的美誉。随着近年来高铁技术的发展，武汉的高铁网更是辐射了大半个中国，是华中地区唯一可直航全球五大洲的城市。

武汉长江大桥

黄鹤楼

　　始建于三国时期东吴黄武二年（223年）。三国时期黄鹤楼只是夏口城的一处军事瞭望楼，晋灭东吴以后，三国归于一统，该楼在失去其军事价值的同时，随着江夏城的发展，逐步演变成为官商行旅"游必于是""宴必于是"的观赏楼。

六朝古都：南京

　　长江下游还有一个历史悠久的文化名城，历史上每每遭遇异族入侵，中华民族的儿女们总是会在这里休养生息，立志匡复，这个荫庇了汉民族的复兴之地，就是金陵——南京。这里早在100万年前就有古人类活动，越王勾践，吴王孙权，东晋，南朝的宋、齐、梁、陈等都曾在这里建都。

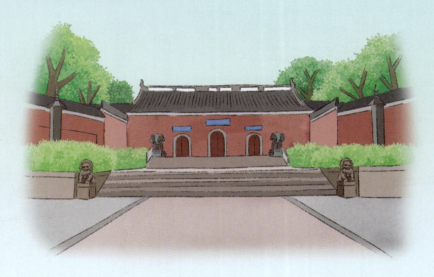

栖霞寺

　　中国四大名刹之一，是佛教"三论宗"的祖庭，在中国佛教史上具有重要地位。

南京云锦

　　云锦色泽光丽灿烂，因美得像天上云霞而得名，有"寸锦寸金"之称。

泊秦淮

〔唐〕杜牧

烟笼寒水月笼沙，夜泊秦淮近酒家。

商女不知亡国恨，隔江犹唱后庭花。

南京风景秀美,资源丰富,文化浓厚,从古至今吸引了无数文人名士。朱偰(xiè)先生在比较了长安、洛阳、金陵、燕京四大古都后,曾说"此四都之中,文学之昌盛,人物之俊彦,山川之灵秀,气象之宏伟,以及与民族患难相共、休戚相关之密切,尤以金陵为最"。

夫子庙

是供奉、祭祀孔子的地方,也是中国第一所国家最高学府、中国四大文庙之一。

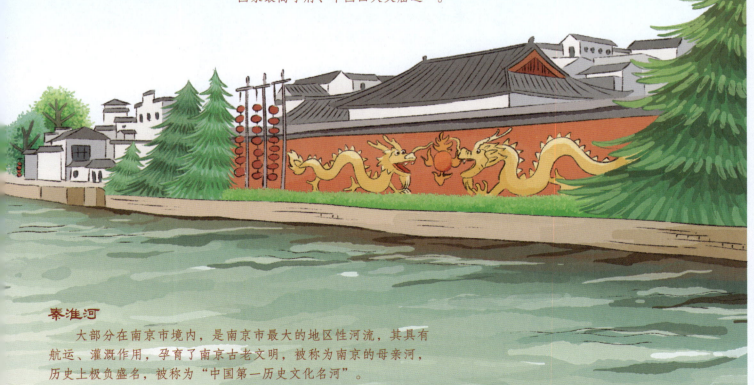

秦淮河

大部分在南京市境内,是南京市最大的地区性河流,其具有航运、灌溉作用,孕育了南京古老文明,被称为南京的母亲河,历史上极负盛名,被称为"中国第一历史文化名河"。

东方明珠：上海

在中国东部的上海，长江与它的最后一条支流——黄浦江，紧密相连，汇入东海。这里是中国的金融中心，长江经济带的龙头城市，沪杭甬大湾区核心城市……作为第一批对外开放的沿海城市，上海以惊人的速度吸收着来自世界各地的养分，从一个贫瘠的渔村变成了如今人人向往的"魔都"。

城隍庙
和南京夫子庙、武汉龙王庙并称为"长江三大庙"。

旗袍
中国和世界华人女性的传统服装，被誉为中国国粹和女性国服。

东方明珠广播电视塔
上海十大新景观之一，名副其实的"东方明珠"。

见此图标
微信扫码
挑战地理知识闯关
观看趣味科普动画

生煎包

蟹黄包

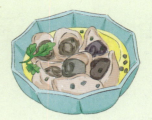
上海馄饨

豫园

江南古典园林，被赞"奇秀甲于东南"。

上海外滩

只有短短1.5千米的滨江区域，却曾经一举囊括了大半个中国的财富。这里还矗立着52幢风格迥异的古典复兴大楼，有外滩万国建筑博览群之称，是上海的地标之一。

黄金水道

长江水运交通发达，其干支流通航里程达6.5万千米，占据全国内河通航里程的52.5%，是连接中国东、中、西部的"黄金水道"。长江沿线工农业发达，人口稠密，城市众多，航运需求量大。长江的运量目前已相当于九条京广铁路，是世界上运量最大、水运最繁忙的内河。

成都

乐山

宜宾

长江两岸密集的城市群

长江干流横贯东西，支流众多。终年不冻，宜宾以下四季通航。沿线工农业发达，人口稠密，城市众多。

一桥飞架南北

　　长江给中华民族带来了丰富的水资源和便捷的水力运输。但它同时也是一道难以逾越的天堑，严重阻断了南北的交流。历史上，中国人民一直都想在长江上造桥，但始终没能建成真正意义上的桥，因为战争的需要，仅仅建造过用于临时通行的浮桥。

　　南京长江大桥是新中国第一座依靠自己的力量设计建造的铁路、公路两用桥，"一桥飞架南北，天堑（qiàn）变通途"。它的建成开创了我国"自力更生"建造大型桥梁的新纪元。

南京长江大桥
　　第一座由中国自行设计和建造的双层式铁路、公路两用桥梁，被列为新金陵四十八景之一。

武汉长江大桥

我国第一座公铁两用的长江大桥，线路全长1670.4米，俗称"万里长江第一桥"。

上海长江大桥

是一座双塔双索面钢箱梁斜拉桥，线路长16.63千米，跨江正桥长9.97千米。

共饮一江水

生活在长江水域的鱼类有400多种，其中有100多种为长江所特有。

江豚
长江上的微笑天使。

中华胭脂鱼
属国家二级保护动物，现极少量分布于长江和闽江水系。

大鲵（ní）

　　长江自西向东穿越青藏高原、横断山区、云贵高原、四川盆地、长江中下游地区，地势变化很大，气候差异显著，支流及附属水体众多，形成了多样的生物环境，孕育了丰富的鱼类资源。据统计，长江现有鱼类400多种，其中纯淡水鱼约350种，淡水鱼类之多，居全国各水系之首。

白鳍豚
　　主要生活在长江中下游及与其连通的洞庭湖、鄱阳湖、钱塘江等水域中。

长江鲥（shí）鱼
　　素誉为江南水中珍品，国家一级野生保护动物。

白鲟（xún）
　　栖息于长江干流的中下层，是濒危动物，属中国国家一级保护野生动物。

斑鳖（biē）
　　肉食性动物，性情凶猛，生活于江河湖沼中，以水生动物为食物。

扬子鳄
　　与恐龙属同一时代的"活化石"

图书在版编目（CIP）数据

长江 / 姚青锋，朱雪梅主编 ；书香雅集绘.
长春：吉林科学技术出版社，2025.4. --（少年中国地
理）. --ISBN 978-7-5744-2241-4
Ⅰ. K928.42-49
中国国家版本馆CIP数据核字第2025BR1843号

少年中国地理
SHAONIAN ZHONGGUO DILI

长江
CHANGJIANG

主　　编　姚青锋　朱雪梅
绘　　者　书香雅集
策 划 人　于　强
出 版 人　宛　霞
责任编辑　李思言
助理编辑　丑人荣
幅面尺寸　210 mm×285 mm
开　　本　16
印　　张　18（全6册）
字　　数　228千字（全6册）
印　　数　1～5 000册
版　　次　2025年4月第1版
印　　次　2025年4月第1次印刷

出　　版　吉林科学技术出版社
发　　行　吉林科学技术出版社
地　　址　长春市福祉大路5788号出版大厦A座
邮　　编　130118
发行部电话/传真　0431-81629529　81629530　81629531
　　　　　　　　　　81629532　81629533　81629534
储运部电话　0431-86059116
编辑部电话　0431-81629516
印　　刷　吉林省吉广国际广告股份有限公司

书　　号　ISBN 978-7-5744-2241-4
定　　价　168.00元（全6册）

扫码打开 地理藏宝图

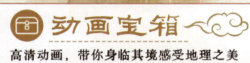

动画宝箱
高清动画，带你身临其境感受地理之美

音频探秘
科普音频，在声音的世界里探秘万里山河

成就打卡
线上打卡，记录你的阅读寻宝之旅

峡谷闯关
地理知识互动答题，挑战成为地理小达人

微信扫码线上寻宝

书香雅集

黄　河

姚青锋　丁宏伟◎主编　书香雅集◎绘

吉林科学技术出版社

黄河

目·录

微信扫码
线上寻宝

- 峡谷闯关
- 成就打卡
- 音频探秘箱
- 动画宝

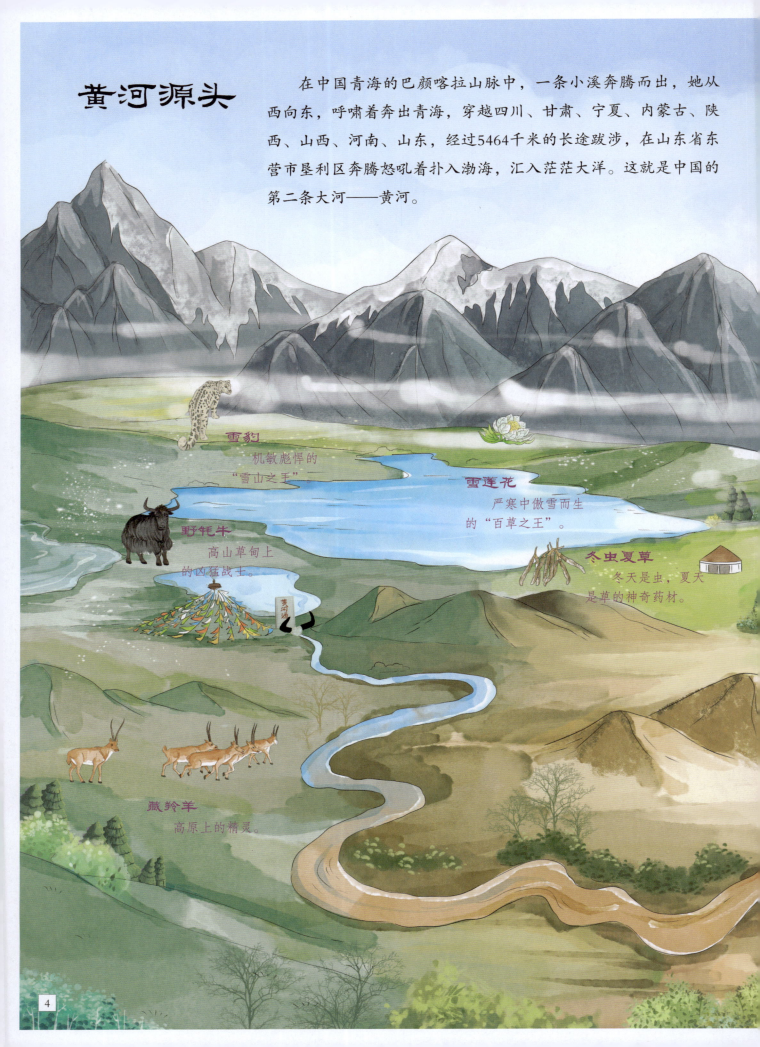

黄河源头

在中国青海的巴颜喀拉山脉中，一条小溪奔腾而出，她从西向东，呼啸着奔出青海，穿越四川、甘肃、宁夏、内蒙古、陕西、山西、河南、山东，经过5464千米的长途跋涉，在山东省东营市垦利区奔腾怒吼着扑入渤海，汇入茫茫大洋。这就是中国的第二条大河——黄河。

雪豹
机敏彪悍的"雪山之王"。

雪莲花
严寒中傲雪而生的"百草之王"。

野牦牛
高山草甸上的凶猛战士。

冬虫夏草
冬天是虫，夏天是草的神奇药材。

藏羚羊
高原上的精灵。

黄河沿

黄河发源于青海巴颜喀拉山北麓的约古宗列盆地，这里四周高山耸立，终年被积雪覆盖。众多的雪山、广袤的湿地、星罗棋布的湖泊，以及深厚的冻土层，共同构成了一个巨量的高原水世界，为黄河提供了源源不断的水源。由于这里水源丰富，人迹罕至，这里也成为藏羚羊、野牦牛、黑颈鹤、雪豹、藏野驴等稀有野生动物的天然庇护所。

黑颈鹤
世界上唯一生长、繁衍在高原的鹤。

浪淘沙

〔唐〕刘禹锡

九曲黄河万里沙，浪淘风簸自天涯。
如今直上银河去，同到牵牛织女家。

藏野驴
野生驴中的巨无霸。

九曲黄河

　　中国地势，西高东低，呈阶梯状逐级递减。黄河从西向东，流经了中国地势的三大阶梯。黄河流域西界巴颜喀拉山，北抵阴山，南至秦岭，东注渤海。由于受地势和山脉影响，黄河的干流和支流形成了诸多的河湾和渡口，呈现出"九曲回肠"的姿态，被誉为"世界上最弯曲的河流"，有九曲十八弯之称。

第一级阶梯

　　是黄河源头所在的青海高原，这里海拔多在4000米以上，耸立着一系列北西—南东向的山脉，如北部的祁连山，南部的阿尼玛卿山和巴颜喀拉山。

第二级阶梯

　　大部分位于黄土高原和鄂尔多斯高原，海拔1000～2000米。这一阶梯大致以太行山为东界，地势较为平缓，地形破碎。

祁连山

银川

浦宁之珠观光塔

西宁

兰州

黄河母亲像

巴颜喀拉山

秦岭

阴山

呼和浩特
金刚座舍利宝塔

第三级阶梯

　　从太行山以东直至渤海，地势低平，绝大部分为海拔500米以下的丘陵和海拔100米以下的平原。

渤海

钟鼓楼

太原
凌霄双塔

太行山

大雁塔

济南
解放阁

西安

郑州

二七纪念塔

7

壮丽三峡

　　黄河出青铜峡后，过关陕，一路狂奔，到最后一道峡谷时，忽然变得温顺宁静起来。这里山峰秀美，峡谷幽深，港湾交错，充满了江南水乡特有的柔和与静美，这便是万里黄河第一峡——黄河三峡。"黄河三峡"分别由孤山峡、龙凤峡和八里峡组成，三条峡谷鬼斧神工、各有千秋，有"中原第一高峡平湖，华夏罕见大河风光"之称。

八里峡

　　八里峡位于洛阳新安县境内，这里两岸悬崖壁立，幽、奇、雄、险。民间有"八里平，八里川，八里胡同，八里山"的说法。相传大禹父子曾在此治水，父亲鲧水来土屯，治水失败，形成鲧山。大禹一怒之下，用神斧劈开鲧山，形成了八里峡，滔天的洪水，得以从这里东流入海。这里是万里黄河的最后一道峡谷，也是万里黄河第一峡。

龙凤峡

龙凤峡奇峰对峙，碧水潺潺，怪石林立，幽静奇美，宛若江南。情侣岛、皇冠岛、姊妹峰……一步一景、曲折蜿蜒。《赵匡胤千里送京娘》的故事就发生于此，是名副其实的"爱情谷"。

孤山峡

"崖出疑无路，云开别有天"，群山环抱碧波，山水三折三进。其上石山宛若卧牛回头张望，形成"犀牛望月"的奇特景象。孤山崖顶，一座白色阁楼引人注目，它便是万里黄河第一楼——大河楼。

八里峡

黄色大河

  黄河中游水系发达，皇甫川、窟野河、无定河、延水、汾河、北洛河、泾河、渭河、伊洛河、沁河等主要支流都在此段汇入黄河。这些支流绝大部分流经水土流失严重的黄土高原。黄土高原土质疏松，丘陵沟壑纵横。黄河每年输送的16亿吨泥沙，90%都来自中游地区，每立方米的河水含沙达35公斤，居世界之首。民间有"一石水而六斗泥"的说法，所以古人也将黄河称为"浊河"。正是这些巨量的泥沙，把黄河染成了黄色。

黄土高原

黄河发源于中国青海省巴颜喀拉山脉，流经青海、四川、甘肃、宁夏、内蒙古、陕西、山西、河南、山东9个省区，最后于山东省东营市垦利区注入渤海。

走西口

历史上，由于黄土高原地区自然环境恶化，再加上人多地少，从明朝中期至民国初年四百年间，无数山西人、陕西人、河北人背井离乡"走西口"，穿越长城或渡过黄河，前往蒙古草原谋生。"走西口"打通了中原腹地与蒙古草原的经济和文化通道，不仅促进了蒙汉人民的融合，而且带动了北部地区的繁荣和发展。

窑洞

在中国陕甘宁地区，黄土层非常深厚，有的厚达几十千米，中国人民创造性地利用高原的有利地形，凿洞而居，创造了被称为绿色建筑的窑洞建筑。

晋陕峡谷

　　黄河自内蒙古的河口镇急转直下，将黄土高原切割成两半，左岸为山西省，右岸为陕西省，"晋陕峡谷"因此得名。峡谷两岸悬崖峭立，水石相激，深涧腾蛟，浊浪排空。由于自然环境恶化，植被稀少，黄土丘壑泥沙俱下，晋陕大峡谷河段的来沙量占全黄河的56%，尽管它的流域面积仅及黄河的15%，但这里是华夏文明和农耕文化的发祥地之一。

握手之地
長城與黄河

"山上明灯放异彩，悬崖万仞一犁开。可怜力尽老牛死，从此黄河入晋来。"这个像牛鼻子一样的弯道就是晋陕蒙大峡谷的开端——老牛湾，黄河从这里入晋，内外长城在这里交汇，这里是长城与黄河握手的地方。

九曲黄河十八弯，神牛开河到偏关。
明灯一亮受惊吓，转身犁出个老牛湾。
——民间童谣

壶口瀑布

晋陕峡谷的下段是著名的壶口瀑布。黄河250多米宽的水面在此突然收紧，从18米的高处跌入30~50米宽的石槽里，就像壶里的水通过壶嘴向外倾泻一般，人们称它为"壶口"。巨大的波涛从"壶嘴"里飞流直下，水雾弥天，声如雷鸣，成为黄河最著名的旷世奇观。

见此图标 微信扫码
挑战地理知识闯关，观看趣味科普动画

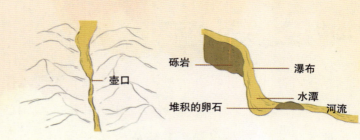

鲤鱼跃龙门

晋陕峡谷的末端称为"龙门"，两岸伸出的山脊，将黄河夹于其间，形成只有100多米宽的"门"。而出了龙门，黄河即进入了开阔平坦的关中平原，这一束一放，形成了极大的落差。《名山记》里说，"两岸皆断山绝壁，相对如门，唯神龙可越，故曰龙门"。

壶口

砾岩 ———— 瀑布

堆积的卵石 —— 水潭

河流

壶口瀑布形成示意图

赠崔侍郎二首（其一）

〔唐〕李白

黄河三尺鲤，本在孟津居。

点额不成龙，归来伴凡鱼。

故人东海客，一见借吹嘘。

风涛傥相见，更欲凌昆墟。

地上悬河

黄河冲出郑州邙山，进入平原地带，由于这里坡度变小，水势平缓，大量泥沙在河床中淤积，河水全靠人工大堤约束，日积月累，就形成了著名的地上河。开封段的黄河河床高出开封市区地平面7~8米，有的地方甚至达10米以上。黄河从开封城北的半空处汹涌流过，形似天河，故将这种人工奇观称为"悬河"。

黄河上、中、下游的划分标准

河流从源地到河口，其河态、河床、坡降、流量等都具有一定的变化规律。为了合理开发利用水资源和水量资源，发展水运交通以及城镇建设等，人们通常将大江大河划分为上、中、下游。上、中、下游的划分标准往往不一，但大多数都是根据河流地形、河道特征和水文情势等进行划分的。

黄河分为上、中、下三段，从源头到内蒙古托克托县的河口镇，属于黄河的上游，河水清澈，水草丰美。

上　游

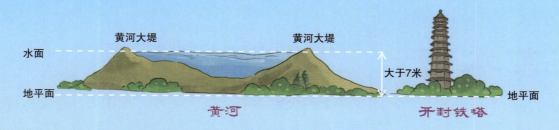

水面

黄河大堤　　　　　　　黄河大堤

地平面　　　　　　　　　　　　　　　　　　　　　大于7米　　　地平面

黄河　　　　　　　　　　　　开封铁塔

考古发现，黄河边上的开封城下，层层叠叠地摞着6座城池：魏大梁城、唐汴州城、北宋东京城、金汴京城、明开封城和清开封城。它们都是在历朝历代的黄河决堤泛滥中被冲毁、淹没的。

河口镇至河南郑州的桃花峪为中游，是黄河洪水和泥沙的主要来源区。

河口镇

中　游

下　游

桃花峪

黄河干流自桃花峪以下为黄河的下游。

黄河水患

黄河作为中华民族的母亲河，福泽绵长，孕育了中华文明，荫庇着华夏子孙；然而她的每次决溢、改道，也给沿岸居民带来巨大灾难和创痛，轻则冲毁房屋，淹没良田；重则死伤无数，哀鸿遍野……

"黄河决溢，千里蒙害，浸城郭，飘室庐，坏禾稼，百姓已其毒"。

历史上黄河河道变迁主要发生在下游的华北平原，伴随着黄河决口改道的泥沙，一定程度上再造了当地的地势地貌，比如大陆泽、大野泽等湖泊的消失，河南开封古城、河北巨鹿古城、山东巨野古城等古城的湮没。

黄河改道示意图

由于我国是温带季风气候，降水集中在6—9月份。每到这时黄河水就会急剧增多，带着黄土高原的大量泥沙来到下游。从西汉到中华人民共和国成立前，有记载的黄河决口泛滥达1500多次，较大改道26次，其中又有影响巨大的五次"黄河大迁徙"。

大河之治

  黄河是中华民族的母亲河，她不断滋育着中华文明。历代统治者都把治理黄河作为安邦定国的大事，不少朝代还设立"河官"，专门负责治黄事宜。黄河的桀骜与暴戾，也培养了中华民族坚韧不拔、不畏艰难险阻的精神和毅力。

  历代黄河的治理方法，主要有堵（堤）和疏两种办法。

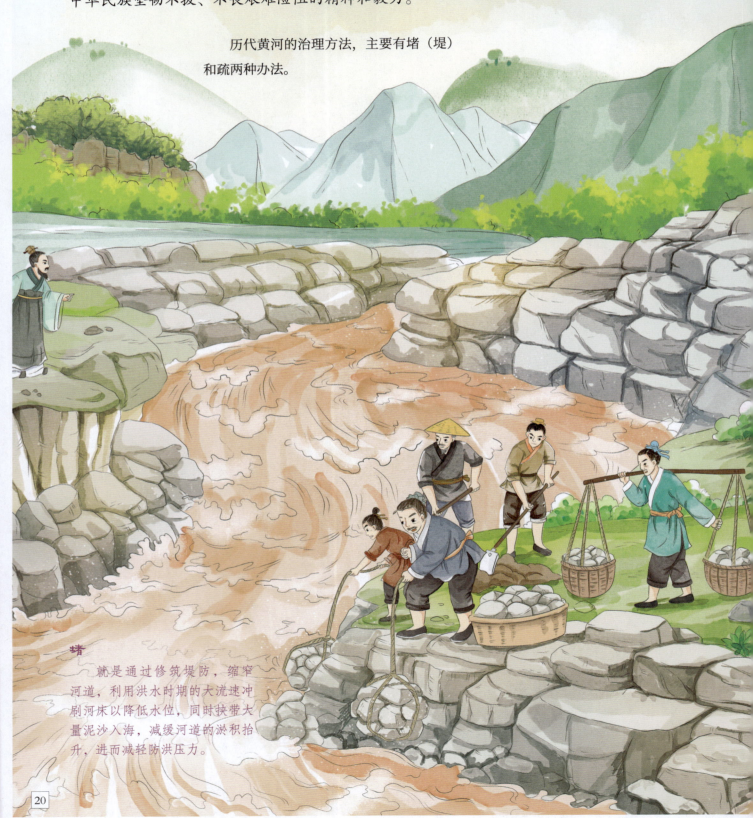

堵

  就是通过修筑堤防，缩窄河道，利用洪水时期的大流速冲刷河床以降低水位，同时挟带大量泥沙入海，减缓河道的淤积抬升，进而减轻防洪压力。

华夏文明，也是从中华民族与大河的搏斗开始的。大禹治水，疏导结合，顺天应人的理念成为古代中国最早的生存智慧；王景治河，河汴分流；贾鲁治河，疏塞并举；潘季驯筑堤堵决，束水攻沙；胡定汰沙澄源，保持水土。在几千年的治河实践中，涌现出了一大批优秀的水利学家，倾其所能，试图"驯服"桀骜不羁的黄河，为一方百姓谋取百年乃至千年安居乐业的时光。

疏 就是采用较宽的堤距，或者采用"分杀水势"的策略，让多股河道分流、并行，以减轻大洪水时期强大的洪流对堤防的破坏。

贾鲁治河

元顺帝执政期间，黄河水患日益严重，人民流离失所（黄河第四次大改道，黄河南流对淮河水系造成了极大纷扰，而后黄河北泛，对元朝的漕运产生了严重威胁）。贾鲁临危受命，集十万之众，采用疏塞并举、先疏后塞、先易后难的方案，史无前例地在大洪水期开工治河，拯救民众于洪水之中。

当时恰逢黄河水位暴涨，山东白茅堤的黄河决口特别严重。贾鲁临危不惧，敢于创新，在决口处布置了27艘载满散草和石块的大船，然后命令民工凿沉大船，形成石船斜堤。这样一来，洪水向对岸涌去，减少了水流冲击的压力，最后终于把黄河的决堤口堵住了。

治河妙计

第一步，在决口上方新修一段直河，以代替原来弯曲、其主流直冲决口的河道。这就大大地降低了堵口的难度。

第二步，在决口上方的直河上，修建刺水堤和石船斜堤，尽量把河水导向对面。这就进一步降低了堵口的困难。

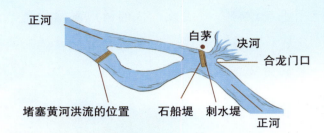

正河　白茅　决河　合龙门口　堵塞黄河洪流的位置　石船堤　刺水堤　正河

石船堤是凿沉装满土石的船体作为基础，在其上再筑土石形成的堤坝。

刺水堤又称丁坝，用以挑水、逼流，保护堤岸等的堤。

23

束水攻沙

　　明代的水利学家潘季驯认为"河之性宜合不宜分，宜急不宜缓"，"急则沙随水流，缓则水漫沙停"。因此，他的治河思路便是"束水攻沙"，就是通过修筑不同的河堤（遥堤、缕堤、格堤和月堤），因地制宜地在黄河两岸周密布置，使"束水归槽"，让河水流行于狭长的河道之中。

具体办法就是在原有的旧大堤（遥堤）之内，另筑直线新堤（缕堤），在新旧两堤中间，留存一定的空地，再筑月堤和格堤。

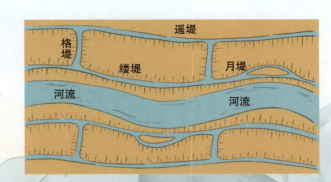

①遥堤

　　最远的堤防，主要用于防御大洪水的满溢。

②缕堤

　　主要用以归顺中小洪水的主流，增强水流的挟沙能力。

③月堤

　　分布在河湾等主流集中的区域，用作缕堤的第二道保障。

④格堤

　　用于阻拦漫滩水流在滩地横冲直撞的水势，并有缓流落淤的功效。

水利建设

　　水是生命之源，水利更是农业的命脉，关乎国家的基础，关系到人民的生存和发展。新中国成立以来，国家投入巨大的财力物力，在黄河上兴建了大量的水利工程，通过调水调沙，为防洪安全、水资源合理利用、生态环境保护和推动国民经济发展，做出了重大贡献。

青铜峡水利枢纽

枢纽的兴建结束了宁夏灌区两千多年无坝引水的历史。

盐锅峡水电站

"黄河上的第一颗明珠"，是黄河干流上最早建成的以发电为主、兼顾灌溉的大型水利枢纽工程。

李家峡水利枢纽

位于青海化隆，以发电为主。

龙羊峡电站

黄河上游第一座大型梯级电站，被称为"龙头"电站。

黄河大峡水电站

为了迎接西部大开发，由甘肃省建设的水电工程。

刘家峡水电站

中国首座百万千瓦级水电站，承担着供给陕西、甘肃、青海等省的用电任务。

万家寨水利枢纽
是山西引黄入晋工程的起点，解决了晋蒙地区严重缺水的问题。

三盛公水利枢纽
"万里黄河第一闸"，黄河上唯一以灌溉为主的引水大型平原闸坝工程。

天桥水电站
黄河中游北干流上第一座低水头、大流量、河床式径流试验性水电站。

小浪底水利枢纽
被誉为"小千岛湖"，是黄河最大的水利枢纽工程，世界水利工程史上最具挑战的杰作。

八盘峡水利枢纽
以发电为主，兼顾灌溉。

三门峡水利枢纽
新中国成立后，在黄河上修建的第一座以防洪为主的综合大型水利枢纽工程，是万里黄河第一坝。

微信扫码
线上寻宝

动音成峡
画频就谷
宝探打闯
箱秘卡关

27

折戟沉沙

"折戟沉沙铁未销，自当清洗认前朝。"黄河不仅孕育了五千年的华夏文化，也因其独特的地理位置，成为历代兵家的必争之地。涿鹿大战、牧野之战和官渡之战等著名战争，都发生于黄河流域。

涿鹿大战

距今大约4700年前，为了争夺放牧和浅耕的中原地带，轩辕黄帝部落联合炎帝部落，与蚩尤之间进行的一次激烈战斗。

牧野之战

商朝末年，周武王率军讨伐殷纣王，牧野之战，是武王伐纣的决胜战。

崤山之战

春秋时期，为争夺郑国，晋襄公不顾秦晋联姻，在崤山设伏，全歼伐郑回师的秦军。

人们在这里繁衍生息，欢笑流泪，也在这里短兵相接，图穷匕见。那些逐鹿中原、叱咤风云的人物早已消失在历史的长河中，而沉浸在泥沙中的短戈长矛，仍然在诉说着他们主人曾经的骁勇和彪悍。

巨鹿之战

秦末大起义中，项羽率领数万楚军，同秦国名将章邯、王离所率的四十万秦军主力在巨鹿进行的一场重大战役，是历史上著名的以少胜多的战役。

昆阳之战

西汉末年，王莽夺汉室皇位，偏将军刘秀率领农民起义军8000多人在昆阳战胜了王莽的40万军队，是中国历史上著名的以弱胜强的战例。

官渡之战

东汉末年"三大战役"之一。公元200年，曹操率精兵5000偷袭袁绍粮仓，继而击溃袁绍的十万大军。

黄河害，黄河险；凌波不能渡，大水难行船；隔河如隔天，渡河如渡鬼门关。

——西北民谣

黄河上的古都

黄河是中华文明的摇篮。几千年来，她不仅哺育了中华文明，也哺育了沿岸城市。这些城市或成为古代王朝的都城，或成为古代农耕文明的中心。它们隐藏着博大精深的黄河文明密码，见证着王朝的兴衰，传递着文明的薪火，经久不息。

兰州——黄河明珠
交通枢纽和军事要塞。

银川——塞上江南
"塞上江南、鱼米之乡"。

西宁——天路之门
青藏高原的东方门户。

太原——锦绣之都
黄土高原腹地的"锦绣太原城"。

咸阳——第一帝都
秦始皇在此建立了中国第一个多民族王朝

这些黄河上的古都，在一定时期内，成为全国或区域性的政治中心、经济和文化中心。产生于这些城市的仁爱、礼仪、孝悌、包容、和平、诚信、智慧、大同等重要的价值观念，行为规范，已深深植根于中华文明之中，成为中华民族赖以生存与发展的精神支柱。

呼和浩特——塞外青城
王昭君出塞就发生在这里。

大同——北魏都城
云冈石窟、悬空寺闻名中外。

邯郸——胡服骑射
邯郸学步、负荆请罪等故事的发源地。

淄博——智慧之城
百家争鸣的策源地。

曲阜——孔子的故乡
被誉为"东方圣城"。

安阳——文字之都
甲骨文的故乡，周易的发源地。

西安——盛世帝都
隋唐时期是世界的政治经济中心。

洛阳——千年帝都
丝绸之路的东方起点。

郑州——黄帝之都
轩辕黄帝故里，中原农耕文明的发源地。

开封——大宋皇城
孕育了影响深远的"宋文化"。

大河文明

千百年来，黄河就像母亲一样，为我们提供着源源不断的食物和水源。大河哺育了一代又一代的炎黄儿女。早期的人类社会，大多生活在大河（黄河）流域，自旧石器时代的"蓝田文化""丁村文化"到新石器时代的"仰韶文化""龙山文化"和"大汶口文化"；从种植业的出现、动植物的驯化、陶器的使用、原始宗教的兴起到文字的出现……我们的先民从原始社会一步步走向文明社会。

人文始祖——轩辕帝

捕鱼

黄河流域是中华民族先民早期最主要的活动地域，也是中国早期文化形态的主要诞生地。最初，黄河文化只是一个区域性的文化，但随着社会的进步，从夏商周到汉唐宋，中国进入了以"长安—洛阳—开封"为东西轴线的中国大古都的"黄河时代"，黄土——黄河——黄种人，形成了独具中国特色的"黄色文明"。

在黄河流域这块热土上，华夏民族用智慧和汗水建造了自己美丽的家园。

甲骨文

齐家文化玉璧

龙山文化中的黑陶

人面形彩陶瓶

大汶口文化的白陶

玉璧

人面鱼纹彩陶盆

蓝田猿人

四大文明古国的发祥地

世界上人类古代文明的发祥地大都位于河海之滨或河流交汇之地。古埃及文明发源于尼罗河下游流域，古巴比伦文明发源于两河流域（底格里斯河和幼发拉底河），古印度文明发源于恒河流域（今巴基斯坦境内），中国文明发源于黄河流域和长江中下游平原地区。

半坡氏族的生活场景
麻布
种植

农耕文化

几千年前，黄河流域雨水充沛，土地肥沃，中华民族的祖先们便在这里耕耘、繁衍。在长期艰苦的劳动中，先民们培育了五谷等各类农作物，并发明了耒耜（lěi sì）、铁犁、水碓（duì）、水排等农业生产工具，修筑水渠，大大提高了生产效率。随着农作物的推广和耕作技术的提高，这里逐渐成为中国早期的农业中心。

在同自然搏斗的过程中，先民们还创造了历法，制定了二十四节气，认识了天象与农业的关系。在唐宋以前，黄河流域一直是中国政治、经济和文化中心。

黄河文化也是一种农耕文化，是中华民族先民在与自然的和谐相处中创造的物质与精神文明。农耕生活要求天时、地利，顺应自然规律，黄河流域的先民们在漫长的生产生活实践中总结出了趋时避害的农时观、主观能动的物地观、变废为宝的循环观、御欲尚俭的节用观等。

夏朝改进农具，提高生产效率；夏历的确定，方便了农业生产。

播种

堆肥

耕田

黄河文明，是以农业为经济基础发展起来的。中国的农业文明从黄土高原和中原大地，逐渐辐射开去，从黄河流域走向长江流域，再走向东南沿海，将炎黄文明的种子散播到海角天涯，散播到异国他乡。

"五谷"指五种谷物，即黍、粟、稻、麦、菽。其中最重要的作物，也就是最适合旱地生长的粟（小米），夏商时期就已经开始在黄河流域种植。

西周时期，人们使用农具进行深耕，并制造堆肥，还学会防治虫害。

战国时期，铁制农具和牛耕技术得到了推广。

东汉时期，人们利用水碓舂米，利用水排鼓风，冶炼铁铜，大大提高了生产力。

灌溉

插秧

文明硕果

　　黄河是中华民族的摇篮，黄河文化是中华文明的根脉。从古代到近现代，黄河流域长期居于中华民族的政治、经济和文化活动中心；它催生了优秀的文化，也结出了一串串丰厚的硕果，百家争鸣、国家一统、民族融合、旷世史学、文学巨作、宗教信仰、四大发明等，对中国及世界的影响极为深远。

　　黄河文化是中华民族文化的精神根脉，农耕文化是它的主脉，天人文化是它的灵魂，伦理文化是它的基础，创新文化是它的本色，儒家文化是它的轴心，由此构成了黄河文化这一中华古文化的基本架构和完整体系，彰显了黄河文化的丰富内涵和鲜明特色。

老子　　孔子　　墨子　　孟子

龙门石窟
世界上绝无仅有的皇家石窟。

玄奘西游
　　玄奘西行，往返十七年，旅程五万里，带回大量佛教经书。

丝绸之路
　　西汉时期，张骞出使西域，开通了著名的"丝绸之路"。丝绸之路从长安出发，向西经河西走廊，连接中亚、西亚，一直到欧洲的罗马。

从黄帝开始，直至北宋，黄河流域的经济、文化发展一直走在中华民族的前列，华夏文明的政治、经济、文化中心也一直在沿黄地区。九曲黄河，不仅塑造了中华儿女艰苦奋斗、隐忍包容、百折不挠、愈挫愈奋的性格特质，更是中华民族的"魂"之所附，是中华民族实现伟大复兴的强大精神力量。

四大发明

指南针

在航海、军事等方面发挥了重要作用。

造纸术

东汉蔡伦将造纸发展成为一种独立的工艺。

火药

炼丹造就的神奇发明被广泛应用于军事当中。

印刷术

中国是世界上最早发明印刷术的国家。

秦始皇统一六国

结束了中国自春秋以来长达500多年的诸侯割据纷争的局面，建立了中国历史上第一个君主中央集权国家，即秦朝。

黄河之最

黄河瀑布之最

壶口瀑布是世界上最大的黄色瀑布。晋陕大峡谷在此宽度收缩，黄河水从陡崖上一泻而下，形成"千里黄河一壶收"的壮观气概。

黄河海拔之高

黄河发源于青藏高原巴颜喀拉山北麓海拔4500米的约古宗列盆地，地势西高东低，西部源头地区平均海拔高达4000米。

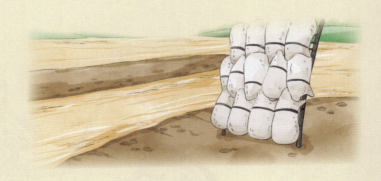

黄河上最古老的摆渡工具

羊皮筏，承载了几十代黄河人的渡河使命。

黄河最大的支流

渭河是黄河最大的支流，泾河水清，渭河水浑，这就是"泾渭分明"一词的由来。

黄河最宽的地方

在河南新乡长垣市的大车集，黄河水流放缓，两岸相距约20千米，是黄河最宽的地方。

黄河最美的湾

山西省石楼县辛关镇的"句号形"黄河大拐弯被誉为"天下黄河第一湾"，毛泽东的《沁园春·雪》就是在这里创作的。

黄河最窄的地方

黄河干流上最窄的峡谷叫野狐峡，位于青海省同德、贵南县境，最窄处仅有10余米。

黄河最清澈的地方

"天下黄河贵德清"。在青海贵德县境内，黄河水是清澈透明的，可以直接饮用。

诗词印象

当世界上的各个角落大都还处于未开化的状态时，我们的祖先就已经倚靠着黄河在中华土地上披荆斩棘，繁衍生息。从古至今，这条黄色大河就被赋予了深厚的情感寄托，无数的诗人用诗歌讴歌着黄河，给我们留下了深刻的印象。

登鹳雀楼

〔唐〕王之涣

白日依山尽，黄河入海流。
欲穷千里目，更上一层楼。

使至塞上

〔唐〕王维

单车欲问边，属国过居延。
征蓬出汉塞，归雁入胡天。
大漠孤烟直，长河落日圆。
萧关逢候骑，都护在燕然。

征人怨

〔唐〕柳中庸

岁岁金河复玉关，朝朝马策与刀环。
三春白雪归青冢，万里黄河绕黑山。

赠裴十四

〔唐〕李白

朝见裴叔则，朗如行玉山。
黄河落天走东海，万里写入胸怀间。
身骑白鼋不敢度，金高南山买君顾。
徘徊六合无相知，飘若浮云且西去！

微信扫码
线上寻宝

- 峡 谷 闯 关
- 成 就 打 卡
- 音 频 探 秘
- 动 画 宝 箱

秋夜将晓出篱门迎凉有感二首

〔宋〕陆游

迢迢天汉西南落，喔喔邻鸡一再鸣。壮志病来消欲尽，出门搔首怆平生。
三万里河东入海，五千仞岳上摩天。遗民泪尽胡尘里，南望王师又一年。

旅望

〔唐〕王昌龄

白花原头望京师，黄河水流无尽时。
穷秋旷野行人绝，马首东来知是谁。

凉州词二首（其一）

〔唐〕王之涣

黄河远上白云间，一片孤城万仞山。
羌笛何须怨杨柳，春风不度玉门关。

将进酒

〔唐〕李白

君不见黄河之水天上来，奔流到海不复回。君不见高堂明镜悲白发，朝如青丝暮成雪。人生得意须尽欢，莫使金樽空对月。天生我材必有用，千金散尽还复来。烹羊宰牛且为乐，会须一饮三百杯。岑夫子，丹丘生，将进酒，杯莫停。与君歌一曲，请君为我倾耳听。钟鼓馔玉不足贵，但愿长醉不复醒。古来圣贤皆寂寞，惟有饮者留其名。陈王昔时宴平乐，斗酒十千恣欢谑。主人何为言少钱，径须沽取对君酌。五花马，千金裘，呼儿将出换美酒，与尔同销万古愁。

图书在版编目（CIP）数据

黄河 / 姚青锋，丁宏伟主编 ； 书香雅集绘.
长春 ： 吉林科学技术出版社，2025.4. --（少年中国地
理）.--ISBN 978-7-5744-2241-4

Ⅰ. K928.42-49

中国国家版本馆CIP数据核字第2025MH3559号

少年中国地理
SHAONIAN ZHONGGUO DILI

黄河
HUANGHE

主　　编　姚青锋　丁宏伟
绘　　者　书香雅集
策 划 人　于　强
出 版 人　宛　霞
责任编辑　李思言
助理编辑　丑人荣
幅面尺寸　210 mm×285 mm
开　　本　16
印　　张　18（全6册）
字　　数　228千字（全6册）
印　　数　1～5 000册
版　　次　2025年4月第1版
印　　次　2025年4月第1次印刷

出　　版　吉林科学技术出版社
发　　行　吉林科学技术出版社
地　　址　长春市福祉大路5788号出版大厦A座
邮　　编　130118
发行部电话/传真　0431-81629529　81629530　81629531
　　　　　　　　　　　　81629532　81629533　81629534
储运部电话　0431-86059116
编辑部电话　0431-81629516
印　　刷　吉林省吉广国际广告股份有限公司

书　　号　ISBN 978-7-5744-2241-4
定　　价　168.00元（全6册）

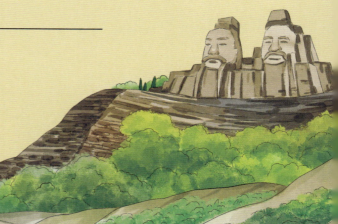

地理藏宝图

扫码打开

动画宝箱

高清动画，带你身临其境感受地理之美

音频探秘

科普音频，在声音的世界里探秘万里山河

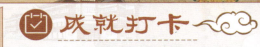

成就打卡

线上打卡，记录你的阅读寻宝之旅

峡谷闯关

地理知识互动答题，挑战成为地理小达人

微信扫码线上寻宝

书 香 雅 集
—— SHU XIANG YA JI ——

少 年 中 国 地 理

丝 绸 之 路

姚青锋　徐　然◎主编　书香雅集◎绘

吉林科学技术出版社

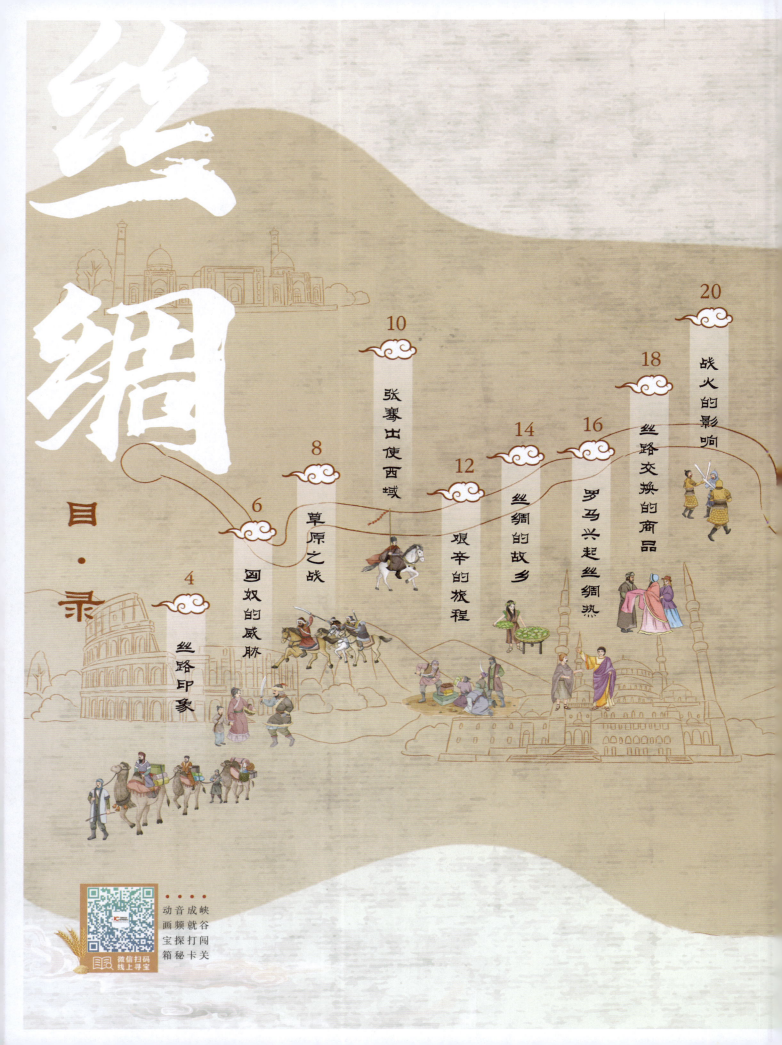

丝绸

目·录

丝路印象

"无数铃声遥过碛（qì），应驮白练到安西"，在优美的《凉州词》中，我们仿佛看到一行人牵着驼队，从长安出发，穿过陇西，行走于广袤无垠的河西走廊，他们携带着大批精美的货物，跋涉千里，不辞辛苦地翻过帕米尔高原，去往遥远而又神秘的中亚、西亚和欧洲。

"丝绸之路"名字的由来

"丝绸之路"一词，最早见于德国著名的地理学家费迪南·冯·李希霍芬《中国——我的旅行成果》一书。19世纪中后期，李希霍芬曾多次到中国考察，因当时中国的对外贸易中，丝绸的影响最大，所以他便将这条横跨亚欧大陆的商路命名为"丝绸之路"，也称"丝路"。

微信扫码
线上寻宝
- 峡谷闯关
- 成就打卡
- 音频探秘
- 动画宝箱

这条神秘的国际商路，便是闻名中外的丝绸之路。它全长7000多千米，横跨亚欧大陆，因为以运输丝绸、茶叶为主，其中丝绸的贸易影响巨大，所以人们便将它称为"丝绸之路"。丝绸之路是我国汉唐时期，中西方商贸往来、文明交流的一条重要的国际干道。

丝绸之路的分段

陆上丝绸之路分为东、中、西三段。东段从长安或洛阳至敦煌，中段从敦煌到中亚东南部的葱岭，西段从葱岭往西跨越中亚、西亚直至欧洲。其中，每一段都包含若干条线路。

匈奴的威胁

　　战国后期，为了争夺中原霸权，诸侯国之间连年混战，北方的防卫一度空虚。与此同时，北方的游牧民族——匈奴趁机发展壮大起来，他们经常南下，掳掠、侵扰北部边塞的城镇，他们还占据了通往西域的贸易要道——河西走廊，阻碍商队的前进。由于游牧民族擅长马上作战，兵强马壮，来去如风，中原王朝一直拿他们没办法。

河西走廊

河西走廊在今天的甘肃省西北部，祁连山以北，合黎山和龙首山以南，乌鞘岭以西，又称甘肃走廊。它东西长约1000千米，南北宽100至200千米，因为位于黄河以西，且由两侧山脉围夹而形成狭长的平原，所以叫河西走廊。

匈奴

匈奴是古代的一支游牧民族，他们生活在亚欧大陆北方的大草原上，以游牧和狩猎为生。四处流浪的生活，造就了匈奴人的尚武之风。匈奴男子自幼就学习骑射，长大后就成为彪悍的骑兵。匈奴骑兵来去迅如闪电，勇猛矫健，具有强大的军事实力。

草原之战

　　公元前2世纪前后，在河西走廊生活着一支人口众多的游牧民族——月氏（yuè zhī）。由于独特的地理位置，河西走廊气候温润，雨水丰沛，是一个肥美的牧场，也是一个著名的大粮仓。为了争夺生存空间和生活资料，各游牧民族在此展开了激烈的争夺战。

　　冒顿单于（mò dú chán yú）即位之后，经过多年励精图治，匈奴部落变得强大起来。他们向月氏部落发起了多次进攻。最终，月氏部落战败，除小部分继续留在河西走廊和祁连山外（号称小月氏），大部分迁往更遥远的地方，这一部分被称作大月氏。大月氏对匈奴怨恨至极，一直在等待机会报仇雪恨。

单于

单于是匈奴人对他们部落联盟首领的专称。意为广大之貌。此称号始创于匈奴著名的冒顿单于之父头曼单于，之后该称号一直沿袭至匈奴灭亡。

头盖骨做酒器

公元前174年，匈奴老上单于登基。他率领匈奴人横扫西域，所向无敌。同年，匈奴人击败月氏部落，俘获月氏王。为了震慑其他人，匈奴人残忍地将月氏王处死，并将其头骨制成酒器用来盛酒，可谓泯灭人性。

张骞出使西域

经过文景之治，西汉王朝日渐强盛起来，为了政权的稳固和边境的安定，汉武帝刘彻决定派遣张骞出使西域，联合与匈奴有宿仇的大月氏，一起夹击匈奴，除掉匈奴这一心腹大患。

张骞第一次出使西域，在途中不幸被匈奴发现了。匈奴将其整整软禁了十年之久。但张骞不改初心，从匈奴逃脱后继续西行，终于联络上了大月氏，并辗转返回了长安。虽然与大月氏结盟没有成功，但张骞详细了解到了西域的地理位置和丰富物产，并将西域各部族对汉王朝表达的态度转述给了汉武帝。数年之后，张骞再次出使西域，先后到达乌孙、大宛（dà yuān）、大月氏、大夏和安息等国。

文景之治

西汉文帝、景帝相继即位后，实施轻徭薄赋、与民休息的政策。在40年左右的时间里，政治稳定，经济上始终保持高速发展的势头，是中华文明迈入帝国时代后的第一个盛世，史称"文景之治"。

苏武牧羊

汉武帝采纳了张骞"与西域各族友好往来"的建议，派苏武等为使者出使西域，同匈奴单于修好。但苏武一行却被匈奴扣押，并劝其投降。苏武宁死不屈，沦为匈奴的奴隶，在茫茫草原上放羊。苏武历尽艰辛，留居匈奴19年，持节不屈，至汉昭帝始元六年（公元前81年）方获释归汉。

张骞两次出使西域，走过不同的路线，史学家称之为"凿空西域"。张骞打通了中原通往西域的道路，从而开辟了一条贯通中亚的交通要道，这便是后世所称的"丝绸之路"。

艰辛的旅程

　　辞别长安，张骞带着随行的100多人浩浩荡荡地上路了。他们翻过秦岭、穿过塔克拉玛干沙漠、越过葱岭……一路上遭遇重重困难和危险，在沙漠中缺水缺粮，遭遇沙暴的袭击，迷失了方向；张骞一度还被贪婪的商人绑架，并被迫交出所有的财物。但他坚持不懈地前进，终于到达了西域。在此期间，张骞还先后两次被匈奴扣留，差点丢掉性命。在返回长安的途中，张骞的队伍又遭遇了暴乱，很多人都被杀害了。但张骞不屈服，经过漫长的跋涉，他和随行人员终于成功回到了长安。

　　由于丝绸之路充满了无数的艰难险阻，人们通常会组成庞大的商队，结伴而行。商队通常依靠骆驼运载商品物资，一支骆驼商队通常由数十甚至上百只骆驼组成，每天的行程大概为45千米。商队时刻面临着危险和挑战，最主要的危险有四类：盗贼与匪帮的抢劫、恶劣的沙漠环境、险峻的雪山阻隔、缺少水和食物。

沙漠之舟

即骆驼，因为骆驼和其他动物不一样，它性情温顺，善于负重，特别耐饥耐渴，并能凭借自身的本领在沙漠中辨别方向，寻找水源，是沙漠地区必不可少的交通运输工具，所以被人们赞誉为"沙漠之舟"。

沙尘暴

是沙暴和尘暴的总称，强风从地面卷起大量沙尘，使水平能见度小于1千米，这是一种具有突发性的灾害性天气现象。

塔克拉玛干沙漠

我国最大的沙漠。整个沙漠东西长约1000千米，南北宽400多千米，面积33.7万平方千米。这里自然环境极其恶劣，人"走得进，出不来"，被称作"死亡之海"。

丝绸的故乡

    中国是丝绸的故乡。在距今五六千年前的新石器时代中期，我们的祖先便开始养蚕、取丝、织绸了。到了商代，丝绸生产已经初具规模，有了复杂的织机和织造手艺。西汉时期，织染技术有了很大进步，丝绸的质量和产量都得到了大大提升，柔滑细腻、绚烂多彩的中国丝绸深受世界各国人民的喜爱，成为畅销全球的抢手货。

    在很长一段时期内，中国是世界上唯一能够生产丝绸的国家，西方人也因此把中国的丝绸视为珍宝，称中国为"丝绸之国"。为了能够购买和销售中国的丝绸，各国商人不辞辛苦，长期往返于横贯亚欧大陆的丝绸之路上。

素纱襌（dān）衣

西汉直裾素纱襌衣，马王堆一号汉墓出土。它由精缫的蚕丝织造，丝缕极细，轻盈精湛，重量仅49克，比鸡蛋还轻。可谓轻若烟雾，薄如蝉翼。其高超的制作技艺代表了西汉初期养蚕、缫丝、织造工艺的最高水平。

丝绸的制造工艺

中国的丝绸工艺历史悠久，是世界上最早使用丝绸的国家，其织造技术非常细致，并有一套严格的生产工序。大致工序分为：养蚕→上簇→收烘→煮茧→缫丝→复摇→浸泡→烘晾→络丝→并丝→捻丝→卷纬→牵经→织绸→精炼→染色→印花→水洗→烘干→整理，其中最重要的工序有缫丝、织造、精炼、染色、印花和整理等。

嫘（léi）祖缫丝

传说，嫘祖是"人文初祖"黄帝的妻子。她最早开始养蚕取丝，并把蚕丝织成绸布，随后就把这些技艺在各部落之间传授。嫘祖陪同黄帝推广栽桑养蚕技术，"创蚕业功于百姓，始衣衫福载万民"。纺织业这才在中国大地上发展起来。

罗马兴起丝绸热

　　丝绸之路开通后，汉朝和古罗马（古罗马被汉朝称为大秦）的联系更加紧密了。在此后的数百年间，中国生产的丝绸被源源不断地输往西域乃至更远的地中海沿岸、东欧等地。古罗马是当时亚欧大陆最强盛的帝国，也是中国丝绸贸易最大的买家，其对中国丝绸的热爱，一度达到疯狂的地步。

　　传说恺撒大帝当年穿着中国丝绸制成的礼袍出现在剧院时，其一身光彩照人的华丽服装，瞬间便轰动了全场。随后，丝绸便成为罗马贵族间最流行的奢侈品，成为身份和地位的象征。

由于从中国到罗马路途遥远，丝绸在贩运过程中又被中间商层层加价，等进入罗马境内时，丝绸一度被炒成天价，一磅丝绸等同于一磅黄金，成为不折不扣的"软黄金"，但这也不能阻挡人们对丝绸的热爱。

从罗马到埃及、到波斯……中国丝绸以其独特的魅力惊艳了西方世界。古罗马人对丝绸的狂热追求，造成罗马帝国的财富大量外流，统治者曾一度忧心忡忡。罗马的元老院甚至不得不出台法令来限制人们穿着和使用丝绸。

卡莱战役

据古罗马历史学家弗罗鲁斯讲述，公元前53年，罗马军队在执政官克拉苏的带领下，意图攻打富饶的安息帝国，两军在卡莱附近展开激战。关键时刻，安息人突然展开一面面色彩斑斓的丝绸军旗，向罗马军队发起了冲锋。这些丝绸制作的军旗在阳光照耀下，华丽炫目，熠熠生辉，罗马军队一时眼花缭乱，仓皇溃逃。这就是罗马人第一次见到的中国丝绸制品。

丝路交换的商品

　　丝绸之路是古今的交通贸易要道，中国的丝绸、茶叶、瓷器等大宗货物经由丝路畅销到中亚和西欧等地。古代欧洲贵族以身着丝绸彰显尊贵，中国丝绸由此畅销海外。茶叶成本低、利润可观，很快成为丝绸之路上大宗贸易的主角之一。

　　宋代是瓷业最繁荣的时期，汝瓷、钧瓷等享誉海外。经由丝绸之路，中国输出的还有金银铁器、造纸术、指南针等物品和技术。这些商品贸易和文化交流，对促成当时中国的兴盛起到了积极的作用。

中国的商品经过丝绸之路销往各国，同时，一些产自国外的物品也源源不断地被输入中国。输入中国的商品，不仅有香料、果蔬，还有各类珍禽异兽，它们让国人领略了异域文化的魅力，获得了前所未有的体验。

赤兔马

赤兔马一直是神驹的代表，所谓"人中吕布，马中赤兔"。《三国志》中有关于赤兔马的记载："布有良马，名曰赤兔"，但是何以称为赤兔马却没说。于是，后人就认为，"赤"是说其毛色，"兔"是速度快如兔子。相传，吕布死后，赤兔马被曹操赠予了关羽，关羽死后赤兔马绝食而亡，从此便没有了任何与之相关的记载。

中国还为丝路沿途各国贡献了葱、生姜等食材，印度贡献了柠檬、胡椒、黄芥末等，地中海地区贡献了葡萄、橄榄等，中亚地区贡献了苹果、胡萝卜等。

战火的影响

  丝绸之路在唐朝初期达到空前的繁荣。但唐末爆发的"安史之乱"，将其彻底打破了。唐天宝十四载（公元755年），镇守边疆的节度使安禄山和史思明发动叛乱，他们率叛军攻下长安和洛阳，唐玄宗仓皇逃出了京城。安史之乱持续了八年，唐朝因此由盛转衰，北方的经济受到严重破坏，百姓纷纷南迁，唐朝逐渐失去对西域和中亚的控制。"道路梗绝，往来不通"，陆上丝绸之路被割断了。

藩镇割据

  藩镇亦称方镇，是唐朝设立的用以保卫边陲安全的军镇。安史之乱以后，唐朝由盛转衰，幽州、魏博等藩镇的将领拥兵自重，控制一方，不完全受中央政府控制。

与此同时，长江以南地区相对安定，中原的百姓把先进的蚕桑技术和丝织技术带到了南方，很多重要商品的产区也慢慢转移到了南方。广州、泉州等地区自秦汉以来就是海上贸易的港口，北方产业迁移过来之后，便逐渐地发展起海上贸易，海上丝绸之路逐渐兴起，继而取代西北的陆上丝绸之路，成为中外交通、贸易的主要通道。

客家南迁

客家先民是中原人，自唐朝安史之乱以后，中原藩镇割据，灾荒连年，再加上唐末黄巢起义，战乱频发，中原的汉族人只好迁往赣南、闽西南、广东等地，此后形成了客家民系。

丝路名城：长安

　　长安（今西安）是十三个朝代的都城，包括汉朝和唐朝。长安意为"长治久安"，是中国历史上建都朝代最多、建都时间最长、影响力最大的都城，也是丝绸之路的起点。

　　唐都长安是当时世界上最大、最繁华的国际大都市，鼎盛时期人口超过百万。长安城布局严谨，规模宏大。全城中轴分明，区划匀称，形成了犹如棋盘一样的街道布局。其中，宫城与皇城最为宏伟壮观，外郭城则是商业区和住宅区。长安城中的朱雀大街，将全城分为两市，即东市和西市。这两市都是唐长安城的经济中心，商贾云集，贸易发达。

　　随着丝绸之路的畅通，东西方商贸往来频繁，越来越多的外国商队来到唐朝经商和居住。据《资治通鉴》记载，唐德宗时期，长安城里已有4000多名外国人长居，并成家立业。

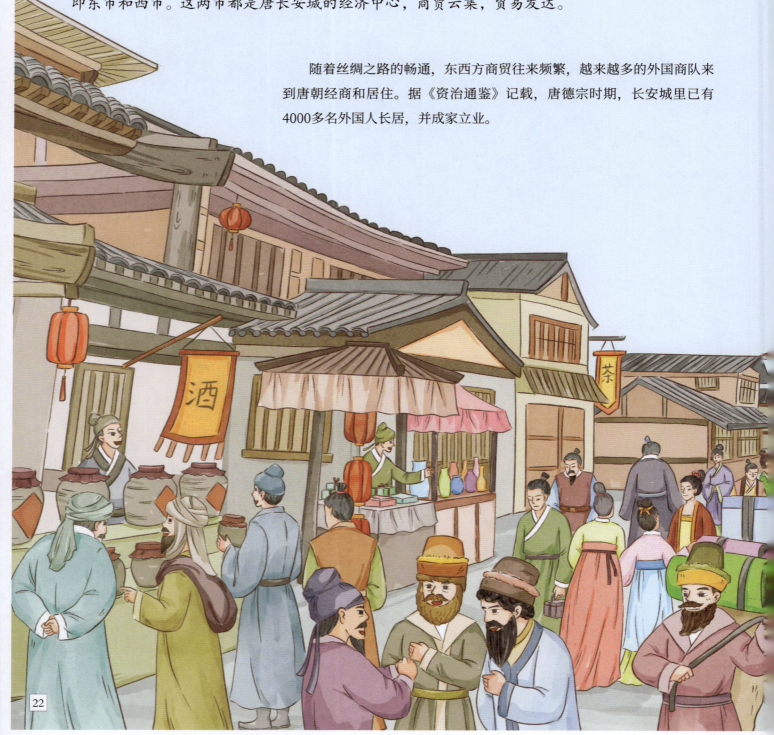

唐朝国力强盛，经济繁荣，文化昌盛，风气开放。长安不仅是全国的政治、经济中心，还是中原同西域各国进行文化和贸易往来的中心。随着丝路的畅通，不少外国商人、学者、使节、僧人等纷纷涌向长安城，最多时达十万之众。这些外国人一边在长安城做生意，一边学习中国文化。

登观音台望城
〔唐〕白居易

百千家似围棋局，
十二街如种菜畦。
遥认微微入朝火，
一条星宿五门西。

西市
长安城里设有东市和西市两个商业区，西市的商贸活动尤其繁荣。西市占地约0.96平方千米，有220多个行业，这里胡商云集，店铺林立，是当时世界上最大的国际商贸中心。

丝路名城：洛阳

丝绸之路始于长安，但随着朝代的更迭，丝绸之路的起点也发生了变化。东汉迁都洛阳，洛阳因此成为全国的政治、经济和文化中心，丝绸之路便也随之延伸到了洛阳。

隋炀帝开凿大运河，营建东都洛阳，洛阳逐渐成为全国的工商业和漕运中心，天下财富聚于洛阳，洛阳的经济空前繁荣。西域的商人往来于西域与洛阳之间，不断将西域商品带到洛阳进行交易，又将交换来的中原商品从洛阳带回西域。在近现代的考古发掘中，洛阳地区出土了大量来自西方各国的钱币、工艺品等，这些足以说明洛阳与古代的波斯帝国、罗马帝国之间的联系。

丝绸之路的开通，不仅加强了中西方物质方面的互通，还促进了中西方文化的交流。中外的风俗习惯、服饰器物相互渗透，胡乐、胡舞盛行中原。洛阳的龙门石窟深受西域古建筑艺术的影响。洛阳的白马寺成为佛教传入中国后兴建的第一座官办寺院。

龙门石窟

　　始凿于北魏孝文帝年间，是世界上造像最多的石窟，现存造像11万余尊，与莫高窟、云冈石窟并称为中国三大石窟，是中国石窟艺术的"里程碑"。

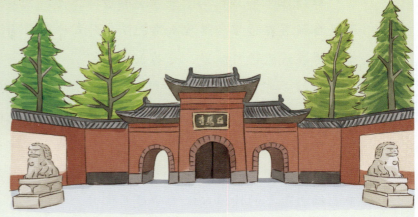

洛阳安菩夫妇墓出土的东罗马金币

白马寺

　　白马寺是中国第一古刹，建于东汉时期，此时佛教经书由西域传入中原，汉明帝下令在洛阳兴办第一座官办寺院——白马寺，白马寺此后成为世界各地佛教信徒参拜的圣地。

丝路名城：敦煌

　　敦煌位于塔克拉玛干大沙漠的边缘，是河西走廊上的一座重要城市，汉长城的玉门关、阳关都设置在这里。这里土质肥沃，地势平坦，自古便是一片绿洲。古代商队行至敦煌，都会选择在这里进行休整、交易。

　　敦煌是东西方贸易的中转站，通往西方的丝绸之路，"发自敦煌"，然后经伊吾、高昌、鄯善，到达中亚和欧洲。来自世界各地的商人在这里从事丝绸、瓷器、珍宝和香料的互市交易，无数的商品从这里被运往世界各地，敦煌一跃成为盛况空前的大都会。

　　随着丝绸之路的开通，来自中原与外国的各种思想、宗教也随着商业活动传入敦煌。其中影响力最大的便是起源于印度的佛教。中外僧侣在这里讲经说法，并修建了规模宏大的佛教石窟——敦煌莫高窟。

西出阳关

　　在汉代，敦煌既是经西域来中原的僧侣、使节、商人的最初落脚点，也是西去僧侣、使臣和商人告别故国的地方。对当时的旅行者来说，"西出阳关"意味着凄凉的离别，"生还玉门"象征着幸福的重聚。

飞天

　　"飞天"一词出于《洛阳伽蓝记》，意为在空中飞舞的神仙，飞天最早诞生于古印度，后经丝绸之路传入中国。它融合了印度文化、西域文化和中原文化，是敦煌壁画的代表，也是著名的世界文化遗产。

莫高窟

　　俗称千佛洞，位于敦煌城东南的鸣沙山的崖壁上。前后历经1000多年，现有洞窟735个，壁画4.5万平方米，彩塑2415尊，是世界上现存规模最大、内容最丰富的佛教艺术宝库。

微信扫码
线上寻宝

· 峡谷闯关
· 成就打卡
· 音频探秘
· 动画宝箱

丝绸改变罗马

　　坐落在地中海边缘的罗马，通过数个世纪的努力，先后征服了欧洲、亚洲和非洲的广大土地，一举成为当时欧洲文明的中心，有着"万城之城"的美誉。

　　中国和罗马是位于丝绸之路东西两端的大国，两者虽然相隔万里，但通过丝绸之路，两个古老的文明大国有了紧密的联系。这对罗马帝国的经济和社会生活产生了显著影响。

　　中国丝绸的大量输入，推动了东地中海世界纺织业和原料加工业的繁荣。轻薄柔软却价值连城的丝绸，成为罗马上流社会的奢侈品，在罗马城的市区中心，甚至还有用来存储丝绸

的专用仓库，用来满足罗马贵族们日益强烈的消费欲望。通过丝绸之路，中国为罗马帝国供应了丰富的丝绸、茶叶等东方货物，极大地推动了罗马帝国商业和贸易的繁荣。

罗马人对丝绸的猜想

丝绸对于罗马人而言，充满了神秘色彩。罗马学者老普林尼（公元23—79）在《自然史》中曾这样推测丝绸的来源："丝茧是生在树叶上的，取来用水湿一湿，理成丝，裁成衣服，光辉夺目。"另一位诗人维吉尔（公元前70—公元前19）在《农事诗》中也描述了一种"细羊毛"，并说这是由赛里斯人"用梳子"从树叶里"摘取"的。这些荒谬可笑的误解说明了古罗马人对东方丝绸的无知和好奇。

丝绸之路的影响

　　丝绸之路是连接亚欧大陆的重要贸易通道，为当时中国与世界其他国家间的贸易往来、交流融合发挥了重要作用，也给中原王朝带来了诸多的影响。

　　在丝绸之路开辟后的数十年间，西汉王朝与周边少数民族、国家之间的联系增多，相互开始友好往来，这对抵抗匈奴侵略、维护边疆地区的稳定与和谐有着重要意义。

　　随着丝绸之路的开通，沿线地区的经济得到发展，内地与边疆地区的经济交流也日益频繁，这又加速了丝绸之路的繁荣。同时，丝绸之路也给汉朝自给自足的小农经济带来一定的冲击，为中国商业贸易开辟了新的国际化市场，对后来亚欧国际贸易带的形成也有着巨大的推动作用。

中国古代的四大发明，以及精美的制陶工艺、巧夺天工的纺织技术等经由丝绸之路传播出去后，对西方乃至整个世界的发展都产生了巨大影响。中原的各种技术经由丝绸之路传播到西域，又从西域走向更广阔的天地，为中西方的发明创造作出了巨大贡献。

朝贡"圣兽"——狮子

相传，有一次，胡人给汉武帝进贡了一只体形中等的小兽。汉武帝并不喜欢，便下令将这只小兽放到老虎笼子里。但出乎所有人意料，小兽被丢进虎笼后，非但没有被老虎吃掉，反而把老虎吓得趴在地上不敢动弹。原来这只小兽是狮子。于是人们就开始崇拜起狮子，狮子自然也成了权力和尊贵的象征。

汉朝时期，琵琶、箜篌、腰鼓、胡琴和唢呐等乐器，由西域传入中原，后来经过不断融合和演变，成为中国民族乐器中不可或缺的部分。

马可·波罗游记

　　马可·波罗是中世纪意大利伟大的旅行家，他17岁时随父亲和叔父以罗马教皇使者的身份来到中国。他们从威尼斯出发，渡过地中海，穿过河西走廊，沿着丝绸之路来到了当时的元大都（今北京市），得到了元世祖忽必烈召见，并做了元朝的官员。

　　马可·波罗在中国居住、生活了17年，游遍了中国的山山水水，还学会了蒙古语和汉语。地大物博、幅员辽阔的中国使他赞叹不已，各地不同的风土人情也令他大开眼界。回到意大利后，他把自己的经历和见闻写成了《马可·波罗游记》。

　　《马可·波罗游记》第一次将富饶、文明的中国全面地介绍给了欧洲人，它向整个欧洲打开了神秘的东方之门，激起了欧洲人对东方的热烈向往，对新航路的开辟产生了巨大影响，被誉为"世界第一奇书"。西方地理学家还根据书中的描述，绘制了早期的世界地图。

马可·波罗

忽必烈在元大都专门划分了供外国使臣居住的区域，并在那里修建了华美的使臣会所，给各国使臣提供所需的食物、服饰，以及各种日常用品。元朝时期的中国，被誉为"商人的天堂"。

鸣沙

要去忽必烈所在的上都（今内蒙古自治区锡林郭勒盟正蓝旗上都镇），马可·波罗一行人必须闯一道难关——沙漠。

据说沙漠里时常有可怕的"幽灵"出现。"幽灵"会叫旅行者的名字，使其不断迷路。其实，这是鸣沙现象。

鸣沙就是会发出声响的沙子。有学者认为，发生鸣沙现象要满足三个条件：沙子颗粒细小、干燥；沙粒的主要成分是石英；沙粒之间发生相对运动。

元世祖忽必烈（1215—1294）

元大都

元大都，简称"大都"，是元朝的首都，突厥语称为"汗八里"，意为"大汗之居处"。它由元代科学家刘秉忠规划建设，自元世祖忽必烈至元四年（1267年）至元顺帝至正二十八年（1368年）为元代京师。元大都街道的布局，奠定了今日北京城市的基本格局。

海上丝绸之路

　　海上丝绸之路是陆上丝绸之路的延伸，它是古代中国与世界其他国家和地区进行经济文化交流的海上通道。中国境内海上丝绸之路，主要由广州、泉州、宁波三个主港和其他支线港组成。

　　唐朝中期以前，中国对外贸易的主通道是陆上丝绸之路，之后由于唐末战乱及经济重心转移等，海上丝绸之路逐渐取代陆上丝绸之路，成为中外贸易交流主通道。

　　宋元时期，瓷器成为出口的主要货物，因此海上丝路又称作"海上陶瓷之路"。同时由于输出商品有很大一部分是香料，因此也称作"海上香料之路"。

　　元明时期，海上丝路的南北航线达到最大程度的交融。在对外贸易上，明朝中期的郑和率船队七下西洋，开创了中国远洋航海的新时代。

　　清代，由于政府实行海禁政策，广州成为中国海上丝绸之路唯一对外开放的贸易大港。鸦片战争后，中国丧失了关税自主权、海关行政权。昔日繁盛的丝路景象逐渐消失。

海上丝绸之路萌芽于商周，发展于春秋战国，形成于秦汉，兴于唐宋，转变于明清，是已知的最为古老的海上航线。

妈祖

妈祖，亦称"天妃""天后"，俗称"海神娘娘"，是传说中掌管海上航运的女神。妈祖信仰流传于中国沿海地区。在海上航行前，人们通常都要先祭拜妈祖，祈求保佑顺风和安全。

郑和七下西洋

郑和，明朝航海家、外交家，明成祖朱棣赐姓郑，号称"三保太监"。1405年至1433年，郑和七次下西洋，与"西洋"各国建立起友好关系，加强了亚非国家间的贸易往来和文化交流，对世界文明的发展作出了重大贡献。

丝绸之路经济带

　　如今，丝路古道上的驼铃声已随着漫漫黄沙逐渐远去。但丝绸之路所留下的几千年历史和人文精神依旧深深地影响着周边的国家和地区。

　　丝绸之路经济带的东西两端分别连接着亚太经济圈和欧洲经济圈，具有极大的发展潜力。这些地区地域广阔，资源丰富，开发价值极高，但由于交通的不发达以及自然环境较为恶劣，经济发展一直较为落后。

在中国和沿途各国家、地区的共同努力下，新丝路已经借由现代交通和网络技术的发展再次焕发生机。丝绸之路经济带沿线国家的道路建设、贸易合作，以及文化交流与沟通等再次活跃起来，古老、沧桑的丝绸之路已掀开了新的篇章。

丝路精神也被赋予新的内涵——"团结互信、平等互利、包容互鉴、合作共赢"。丝绸之路经济带的建设，将会给亚欧大陆乃至世界带来一次全面复兴，这是中国梦实现的路径，也是构建人类命运共同体的伟大创举。

揭秘丝绸之路

丝绸之路开通后，亚欧大陆的交流日益频繁。无数的迁徙族群、商贸人士、僧侣游客以及戍守将士，在这块土地上生活、交流和贸易，独特的地域风情、民俗民风和生活习惯，也为我们留下了数不清的文化符号和宝藏。

"胡"字的奥秘

古代中原用"胡人"来指代北方和西方的少数民族。张骞出使西域后，西域的物产源源不断地流入中原，中原人便将这些舶来品以"胡"字命名。除了食物，一些乐器也以"胡"字命名，比如"胡笳""胡琴"等。

玄奘西天取经

《西游记》中的唐僧玄奘，在古代确有其人。玄奘法师俗家姓陈，名祎（yī），13岁出家。贞观三年（629年），他从长安出发，沿丝绸之路，一路经河西走廊到敦煌，再到中亚地区，历经千辛万苦，到达佛教的发源地印度，并进入当时的佛教中心那烂陀寺学习经文。贞观十九年（645年），玄奘启程返回长安，并带回了许多经书，大大促进了中国佛教的发展。

"九色鹿"壁画

1981年，上海美术电影制片厂出品动画片《九色鹿》，完全采用敦煌壁画的风格。《九色鹿》源于敦煌莫高窟内"鹿王本生"的故事，原图为绘于敦煌257号洞窟西壁中部的《鹿王本生图》。原壁画情节完整，布局合理，技法巧妙，画面处理极富感染力，色彩饱满而纯正，是北魏洞窟的代表作。

玉门关

地处河西走廊最西端，是古代的兵家要地。西汉丝绸之路开通后，中原与西域的商贸便在此进行。当时西域的玉石输入中原时常取道于此，故称"玉门关"。古代的玉门关和另一个关隘阳关，是两个重要的军事关隘和丝路要道，历代中原王朝皆屯兵于此。

《大唐西域记》

又称《西域记》，是由唐代玄奘口述、辩机编撰的一部地理史籍，记载了玄奘从长安（今西安）出发游历西域的所见所闻，反映了西域各国的风土民俗，是人们研究唐代西域各国和丝绸之路的珍贵典籍。

通关文牒

古代商人经过丝绸之路到达其他国家或地区进行交易，途中要经几大关口，只有持通关文牒才能顺利通过关口。通关文牒也被称为"符""节""过所""度牒"等，每到一个国家或地区，须在上面加盖该国印玺。汉朝张骞出使西域时拿的汉节，唐朝玄奘西行时所用的度牒等都是通关文牒。直到清末，通关文牒才改称护照。

琵琶

在所有西域传入的乐器中，琵琶的影响最为深广。

中国最早的琵琶出现在秦朝，被称为秦琵琶；魏晋时期，"竹林七贤"中的阮咸擅长弹奏琵琶，后来就将这种乐器命名为"阮咸"，简称"阮"。而琵琶这个称呼则特指从西域传来的胡琵琶。

胡琵琶有两种，一种是五弦琵琶，一种是曲项琵琶。受中原文化影响，曲项琵琶的音箱逐渐变薄，曲项逐渐伸直，便形成了现在常见的六相二十四品琵琶。

唐诗里的丝绸之路

　　丝绸之路是一条神奇的道路。它既是贯通中西的商贸通道，也是我国边塞诗的故乡。无数的诗人为之倾倒、歌唱。他们用悲壮或激越，闲适或清新的诗词，讲述了丝绸之路上的壮美山河、旖旎风光和别样经历。这些充满激情的诗词，至今仍在四处传唱，经久难忘。

凉州词（其一）
〔唐〕王之涣

黄河远上白云间，
一片孤城万仞山。
羌笛何须怨杨柳，
春风不度玉门关。

观猎
〔唐〕王维

风劲角弓鸣，将军猎渭城。
草枯鹰眼疾，雪尽马蹄轻。
忽过新丰市，还归细柳营。
回看射雕处，千里暮云平。

从军行七首（其四）
〔唐〕王昌龄

青海长云暗雪山，
孤城遥望玉门关。
黄沙百战穿金甲，
不破楼兰终不还。

使至塞上
〔唐〕王维

单车欲问边，属国过居延。
征蓬出汉塞，归雁入胡天。
大漠孤烟直，长河落日圆。
萧关逢候骑，都护在燕然。

塞下曲（其一）

〔唐〕常建

玉帛朝回望帝乡，
乌孙归去不称王。
天涯静处无征战，
兵气销为日月光。

凉州词三首（其一）

〔唐〕张籍

边城暮雨雁飞低，
芦笋初生渐欲齐。
无数铃声遥过碛，
应驮白练到安西。

胡旋女（节选）

〔唐〕白居易

胡旋女，胡旋女。心应弦，手应鼓。
弦鼓一声双袖举。回雪飘飘转蓬舞。
左旋右转不知疲，千匝万周无已时。
人间物类无可比，奔车轮缓旋风迟。
曲终再拜谢天子，天子为之微启齿。

白雪歌送武判官归京

〔唐〕岑参

北风卷地白草折，胡天八月即飞雪。
忽如一夜春风来，千树万树梨花开。
散入珠帘湿罗幕，狐裘不暖锦衾薄。
将军角弓不得控，都护铁衣冷难着。
瀚海阑干百丈冰，愁云惨淡万里凝。
中军置酒饮归客，胡琴琵琶与羌笛。
纷纷暮雪下辕门，风掣红旗冻不翻。
轮台东门送君去，去时雪满天山路。
山回路转不见君，雪上空留马行处。

见此图标
微信扫码

挑战地理知识闯关
观看趣味科普动画

图书在版编目（CIP）数据

丝绸之路 / 姚青锋，徐然主编；书香雅集绘.
长春：吉林科学技术出版社，2025.4. --（少年中国地理）. --ISBN 978-7-5744-2241-4

Ⅰ. K928.6-49

中国国家版本馆CIP数据核字第2025QR5831号

少年中国地理
SHAONIAN ZHONGGUO DILI

丝绸之路
SICHOU ZHI LU

主　　编	姚青锋　徐　然
绘　　者	书香雅集
策 划 人	于　强
出 版 人	宛　霞
责任编辑	李思言
助理编辑	丑人荣
开　　本	16
印　　张	18（全6册）
字　　数	228千字（全6册）
印　　数	1～5 000册
版　　次	2025年4月第1版
印　　次	2025年4月第1次印刷

出　　版	吉林科学技术出版社
发　　行	吉林科学技术出版社
地　　址	长春市福祉大路5788号出版大厦A座
邮　　编	130118

发行部电话/传真　0431-81629529　81629530　81629531
　　　　　　　　　　　81629532　81629533　81629534
储运部电话　0431-86059116
编辑部电话　0431-81629516
印　　刷　吉林省吉广国际广告股份有限公司

书　　号　ISBN 978-7-5744-2241-4
定　　价　168.00元（全6册）

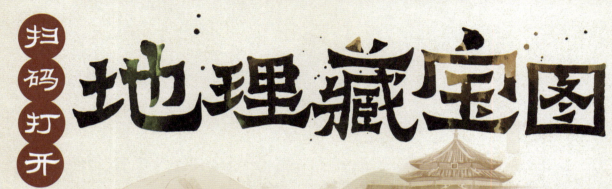

书 香 雅 集
SHU XIANG YA JI

都 江 堰

姚青锋　杨绪波◎主编　书香雅集◎绘

吉林科学技术出版社

都江堰

目·录

20 引清排浑

22 石人测水

24 岁修制度

26 清明放水

28 商业发展

30 天府之国

32 主要景点

34 生态影响

36 文化遗产

38 治水经验

40 诗词印象

神奇的都江堰

　　在成都平原西部的岷江上，有一座伟大的水利工程——都江堰。它始建于公元前256年，是全世界迄今为止，年代最久、唯一留存、以无坝引水为特征的宏大水利工程。它造福了千秋百代，是至今仍在发挥作用的古代大型水利工程，被称为"活的水利博物馆"，堪称世界水利史上的一个奇迹。

岷江

古时候又称"汶江""都江""汶川"，是长江上游的一条重要支流，也是成都平原最重要的水源。"都江堰"的意思就是"建在都江上的水坝"。历史上，岷江以都江堰为代表的灌溉工程，造就了四川成都平原"天府之国"的美誉。

旱涝困扰

在公元前256年之前，成都平原一直饱受水旱灾害的困扰。从岷山奔腾而下的岷江，就像一头脱缰的野马，随意肆虐着两岸的百姓。这里干旱的时候，土地龟裂、庄稼颗粒无收；夏秋洪涝来临，居住在岷江两岸的百姓，随时面临着家破人亡的危险。善良的百姓每年都会到江边祭祀，祈求天神的原谅。可不管他们的祭拜有多虔诚，都没能让奔腾的岷江安静下来。

祭祀

古时候，由于生产力低下，人们缺乏科学知识。在遭遇灾害的时候，往往会认为是天神的惩罚。为了消除灾祸，人们通常都会准备丰厚的祭品，举行各种祭祀活动，以此祈求上天的保佑和宽恕。

旱涝不均的原因

成都平原是一个西北高、东南低的倾斜扇形平原。岷江从岷山之口奔腾而下，流至灌口（今四川都江堰市灌口镇）进入平原，水势减缓。由于玉垒山挡住了它东去的道路，河道被迫折转向西，充沛的江水日夜不停地汇入长江；而成都平原的广大地区因为得不到岷江的灌溉，一旦冬春无雨，就闹旱灾。可是到了夏秋季节，岷江上游积雪融化，中下游又经常发生暴雨，雪水加上洪水，使江水陡涨，岷江河床容纳不下，便泛滥成灾。百姓因此深受其害。

岷江是长江支流中最大的一条，水量巨大，每到夏秋时节，怒气腾腾的岷江水就会从狭窄的河道里冲泄出来。江水所到之处，房屋倒塌，农田被毁，人和牲畜被洪水卷走。百姓流离失所，苦不堪言。

江边祭祀

战略地位

　　春秋战国时期，各诸侯国之间为了争夺霸主之位，连年征战。百姓们食不果腹、流离失所，饱受战乱之苦，迫切希望国家统一，过上安定的生活。地处关中平原的秦国，经过商鞅变法，国家日益强盛，逐渐露出锋芒，成为七国中实力最为雄厚的一个。

　　出于气候和地形原因，巴蜀地区的农业发展相对充足，是一个天然的粮仓，有着重要的战略地位。秦国想要统一六国，就必须先将蜀地治理好。于是，秦昭王就将上知天文下知地理的李冰派到了蜀地，让他治理水患，管理蜀地。

得蜀则得楚，楚亡则天下并矣。

　　　　　　——秦国宰相司马错《华阳国志·蜀志》

李冰治理岷江

商鞅变法

战国初期，秦国的实力远远落后于其他诸侯国。为了不被其他国家吞并，秦国开始引进人才进行变革。商鞅力排众议，废井田、开阡陌、实行郡县制、奖励耕织和军功、实行连坐……秦国的经济得到迅速发展，百姓的生活也逐渐富足起来。

战国七雄

秦国、齐国、楚国、赵国、魏国、韩国、燕国

李冰父子

公元前256年，李冰来到蜀郡担任当地的最高行政长官——郡守。李冰的到来彻底改变了巴蜀人民的悲惨现状：李冰父子和助手深入考察了岷江沿岸的情况，将考察结果与先人的治水经验相结合，带领当地人民修建了都江堰等水利工程，将岷江分流引入成都平原，既解决了当地的干旱问题，又减少了洪灾发生的可能。

作堰敢辞瘁，慰农愧少才。眷言秦太守，一步一低回。

——节选自清代吴文锡《都江堰》

李冰

战国时期著名的水利工程专家，秦国的蜀郡太守。他在岷江流域兴办了许多水利工程，其中以都江堰水利工程最为著名，被后人尊为川主。

李冰大力发展农耕生产，带动了蜀地的经济发展，让蜀地人民过上了幸福的生活。秦王被李冰脚踏实地的精神所感动，称赞他是真正的少年英才。李冰虽然在任只有五年，但被一代又一代的蜀地人民所铭记，直到今天李冰以及他的事迹在四川地区还被尊为神话。

疏堵结合

岷江江水经灌县（今都江堰市）流入成都平原，由于河道狭窄，每到春夏暴雨多发季节，就会引发洪涝灾害。岷江东岸的玉垒山又阻碍江水东流，造成成都平原的东面干旱、西面洪涝。两岸的百姓深受其害，苦不堪言。如果能将西岸的水引到东岸，那么岷江两岸的百姓都将不会再受灾害的影响了。但东岸的地势高，西岸的地势低，想要将水从低处引往高处，并不是一件容易的事情。

水灾的影响

淹没田地，冲毁房屋，百姓流离失所，四处逃难。

李冰父子通过实地考察，并走访了大量民众，决定另辟蹊径，将疏和堵结合起来治理岷江。他们先开凿了宝瓶口，又修筑了鱼嘴分水堰，最后通过飞沙堰溢洪道，终于制伏了桀骜不驯的岷江。"禹绩真堪补，双流此地分。"后人称赞李冰父子修建都江堰的功绩，可以和大禹治水相提并论。

大禹治水

上古时期，中原地区洪水泛滥，庄稼和房屋都被淹没了。当时的部落首领尧为了消除水患，就派大禹去治水。在此之前人们治水都是哪里发水堵哪里，治标不治本。禹将九州看作一个整体，该疏通的地方就疏通，该平的地方就填平，在"疏"的方法下，历经十三年终于将水患治理好，被世人广泛称赞。

旱灾的影响

庄稼枯死，颗粒无收，百姓失业，人口锐减。

凿山引水

在岷江的东岸，伫立着一座巍峨的大山——玉垒山，由于它的阻挡，岷江水一股脑儿地涌向西岸。想要引水，第一件事就是把玉垒山凿穿。那个时期，人们还没有发明火药，要开凿这样坚硬的大山，是一件想都不敢想的事情。

人民群众的智慧是无穷的。他们采用"火烧水激"的方法，先用火将石头烧热，再用冷水浇上去，在冷热交替作用下，石头很容易就开裂了。就这样反反复复，经过八年时间，终于将玉垒山凿出了一个长80米、宽20米、高40米的巨大山口。因为山口的形状很像瓶口，所以人们就把它命名为"宝瓶口"。

火药

火药和造纸术、印刷术、指南针并称为我国的四大发明。古人追求长生，喜欢炼制各种丹药，人们在炼丹的过程中发明了火药。火药的发明和应用，为人类的生产活动提供了极大的便利。

镢头凿

铁锤砸

火烧水激

　　就是利用热胀冷缩的原理，物体受热膨胀，遇冷收缩，如果突然从极高的温度变成极低的温度，就很容易爆裂。

水激

火烧

鱼嘴分水

　　宝瓶口的修建，虽然有效地起到了分流作用，但由于东岸地势高，只有很小一部分江水才能从宝瓶口流出。李冰父子便借助地势，在岷江出山口的弯道处修建了一个分水堰，由于分水堰的形状很像鱼儿的嘴巴，因此人们就把它叫作"鱼嘴分水堰"。

　　鱼嘴分水堰将岷江一分为二，分成外江和内江。外江宽而浅，洪水来时，水位较高，大部分洪水便从宽阔的外江流走了，减少了对两岸百姓的威胁。而通往内江的宝瓶口窄而深，冬季水位较低，江水多半从宝瓶口进入内江，满足百姓的灌溉需要。这样巧妙的智能调水，极大地满足了人们的生产和生活需要。

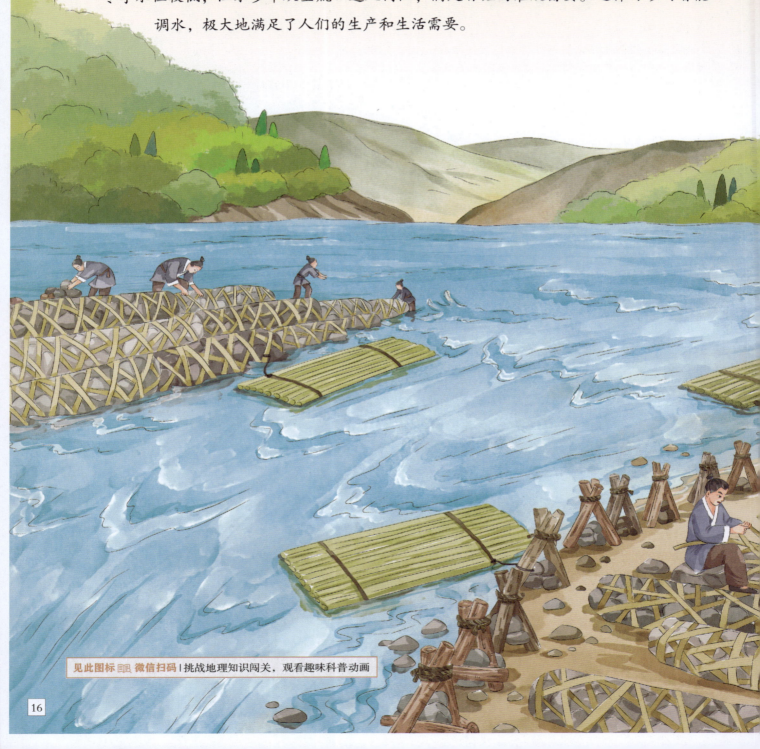

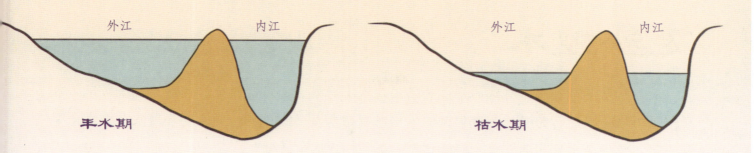

外江　　　内江　　　　　　　　　　外江　　　内江

丰水期　　　　　　　　　　　　　　枯水期

　　分水堰的选址非常讲究，它采用的是四六分水法，并不是把岷江分成了均等的两部分。岷江的河床西高东低，李冰在建造分水堰的时候就刻意往东边靠了靠，这样就形成了宽而浅的外江和窄而深的内江。由于水面始终是相平的，因此旱季的时候，水位较低，近六成的江水会流到内江，缓解成都平原的缺水情况；遇到洪水的时候，水位较高，大部分的江水都流入了外江，只有近四成的江水会流向内江。

飞沙控水

受不同的季节影响，岷江的水量并不固定。有时候多，有时候少，这对于灌溉来说并不是一件好事。于是，为了进一步控制流入宝瓶口的水量，减少泥沙的沉淀和堵塞，李冰又带领百姓在鱼嘴分水堰和宝瓶口之间修建了一条"飞沙堰溢洪道"。

李冰带人修筑飞沙堰溢洪道

这条溢洪道由装满鹅卵石的竹笼堆砌而成，高度比内江的河床高。旱季的时候，江水达不到这个高度，就不会被分流走；一旦内江的水量超过上限，就会沿着溢洪道流向外江。如果遇到特大洪水，溢洪道还会自动坍塌，让内江的水都流向外江，回归岷江正流。

岷江
鱼嘴分水堰
80%的沙石
进入外江
外江　内江
20%的沙石
进入内江
飞沙堰
宝瓶口

江水裹挟着大量的泥沙顺流而下，如果这些泥沙流入狭窄的宝瓶口，就很容易造成河道堵塞。溢洪道与分水堰之间的弯道，会让江水在这里形成一个环流，一旦水深没过溢洪道，在离心力的作用下，大量的沙石会被自动抛向宽阔的外江，这样堵塞宝瓶口的可能性就被大大减少了，泥沙的问题也得到了有效解决。

竹笼装石

四川成都一带，盛产竹子。竹子的柔韧性强，且不易被水泡坏。用竹笼装石垒砌成分水堰，可就地取材，且成本低廉。

引清排浑

宝瓶口是都江堰水系工程的最后一道关卡，除了达到飞沙控水的目的外，还有着"引清排浑"和"二次排洪"的作用。

当水流顺江向下经过弯道时，会形成螺旋流，较清澈的表层水流会流向凹岸（宝瓶口），较浑浊的底层水流会流向凸岸（飞沙堰），宝瓶口正对着表层水流的流向，所以清水会流向内江。与此同时，在螺旋流的作用下，挟带泥沙的底层水流便会从飞沙堰顶翻越到外江。

离堆

李冰父子开凿宝瓶口时，其中被宝瓶口分隔开的一小部分山体被人们形象地称为"离堆"。在宝瓶口开凿之前，它是湔（jiān）山虎头岩的一部分。

微信扫码
线上寻宝

- 峡谷闯关
- 成就打卡
- 音频探秘
- 动画宝箱

20

宝瓶口的建造，可以有效约束进入成都平原的水量。如果遇到洪水期，大量的洪水被宝瓶口阻挡，水面就会上升，当水面超过旁边的飞沙堰时，就会被飞沙堰后面的排洪渠排入外江，起到二次排洪的作用。

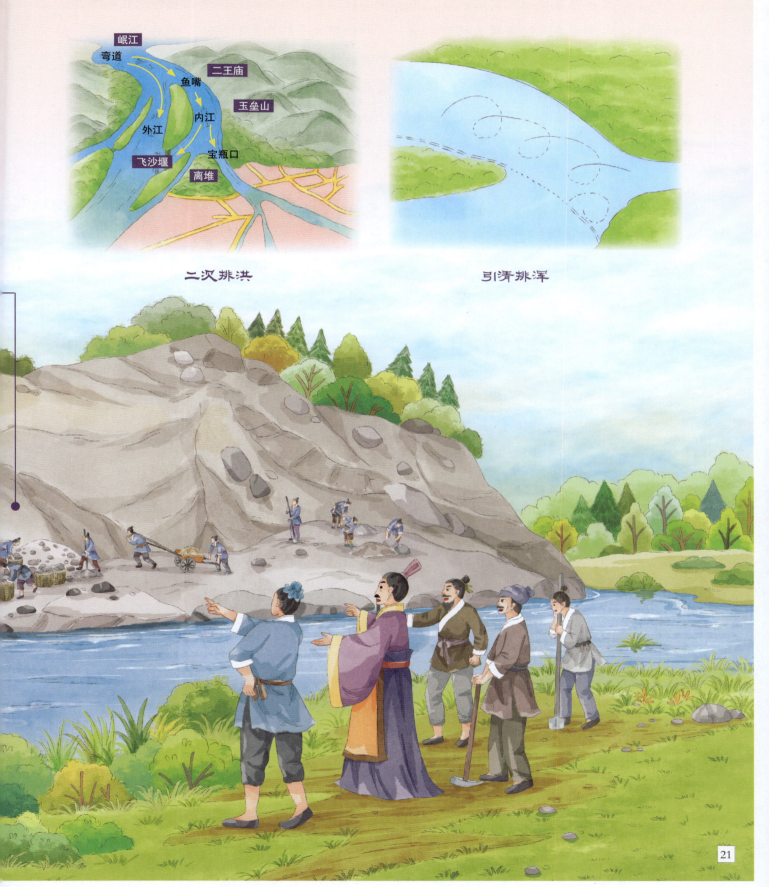

二次排洪　　　　　　　　　　　　　　　引清排浑

石人测水

为了方便直观地观测岷江的水位，李冰命工匠雕刻了三个石人，并将它们放置在水里。人们根据江水没过石人的高度来判断水量，从而合理地安排生产和生活。水则碑的设置，为百姓们提供了极大的便利，这三尊石像还因此被百姓亲切地称作"三神石人"。

"枯水不淹足，洪水不过肩。"水位不能低于石人的足部，也不能高于石人的肩部。如果水位过低，岷江来水量不足，就会出现旱灾；如果水位过高，就会出现洪灾，需要从飞沙堰溢洪。只有当水位在石人的足与肩之间，引水量才正好满足农业灌溉与防洪安全的需要。

水则

又叫水志，是中国古代的水尺，即观测水位的标记。"水则"中的"则"，意思是"准则"，通常每市尺为一则，又称为一划。刻有水则标尺的碑就是水则碑。水则碑有三种形式，即无刻画水则、仅有洪枯水位刻画水则和等距刻画水则。它们通常被立于渠道的关键地段，以观测水位的变化。

李冰修建都江堰时立下的三个石人，是我国最早的水则。

绍兴三江闸

白鹤梁石鱼

吴江长桥水则碑

无刻画水则

　　南宋在今宁波设立的平字水则，上刻一大"平"字。涨水淹没"平"字，即开闸放水；落水露出"平"字就关闭闸门。

仅有洪枯水位刻画

　　长江涪陵白鹤梁的石鱼只刻记有枯水位。石鱼正好位于"旱涝分界线"上，人们便根据石鱼的出现和淹没，来判断水位和来年的收成。

等距刻画水则

　　宋代吴江长桥刻有横道的石碑，用以量测水位，并刻有非常洪水位。另一块刻有直道的石碑记录每旬水位，上面也刻有非常洪水位。

岁修制度

都江堰的修建，有效地控制了进入成都平原的水量。但竹笼会在江水的长期侵蚀下慢慢溃散，泥沙也会在江底越堆越多。如果不定期进行检修，就有可能出现溃散的危险。为此，李冰制定了岁修制度，以保证都江堰能够持续地发挥作用。

耒耜（lěi sì）

畚箕（bò jī）

岁修制度就是每年定期对都江堰进行修理、清淘。每年冬春枯水农闲时期，人们会用圆木做的杩槎（mà chá）与木头和竹子连接后置于江中，并用装满石头的竹笼进行固定，通过倾倒泥、沙和石头，筑成截断江水的人工堤坝。

　　岁修按照"深淘滩，低作堰"的原则进行。"深淘滩"就是要深挖江底淤积的泥沙，保证内江的水量充足；"低作堰"就是飞沙堰的高度不能太高，保证洪水到来时内江的水流能够顺利流向外江。

　　都江堰建成后，许多朝代都设立了相关的主管和维护人员。汉灵帝在位时设置"都水椽"和"都水长"负责维护堰首工程；诸葛亮还曾调兵1200人守护都江堰，并设置堰官进行管理和维护。

沙袋

杩槎

石竹笼

清明放水

　　李冰去世后，每年岁修过后人们便带着各种各样的祭品到二王庙（后人为李冰父子修建的祠堂）举行祭祀活动。祭祀结束后，堰工们会撤除阻隔江水的杩槎，沉寂已久的岷江水在人们的欢呼声中奔腾而出。站在岸边的人们追着跑着，用竹竿和石头拍打浪头，老人们还会把浪头的水舀起来带回家，这就是"打水头"和"舀头水"，象征着消灾祈福。

后来，人们将每年的清明节定为都江堰的放水节。现在"清明放水节"已经成为当地的特有风俗。

打水头

杩头木

灌阳竹枝词

〔清〕山春

都江堰水沃西川，人到开时涌岸边。

喜看杩槎频撤处，欢声雷动说耕田。

商业发展

　　都江堰建成以后，成都平原在极短的时间内就成为秦朝的粮食和物资供应地；而丰富的水系管网，使得蜀地的商船可以沿着长江水系直下江南，交通航运和商业贸易都得到了极大的发展。成都一举成为西南地区的政治、经济和文化中心。

陪李七司马皂江上观造竹桥

〔唐〕杜甫

伐竹为桥结构同，襄裳不涉往来通。
天寒白鹤归华表，日落青龙见水中。
顾我老非题柱客，知君才是济川功。
合观却笑千年事，驱石何时到海东。

坐落在鱼嘴分水堰上的安澜索桥，横跨内、外两江，是连接蜀地和藏族聚居的阿坝地区的重要商道。藏族、羌族、汉族人民在这座桥上往来交易，不仅带动了蜀地的经济发展，还促进了各族人民之间的文化交流。

我国的五大古桥：安澜索桥、赵州桥、洛阳桥、广济桥、卢沟桥。

天府之国

　　自从李冰父子修建了都江堰，成都平原从此便有了稳定的水源，不再受岷江洪涝灾害的影响。成都的两条主要河流，一条是西边的岷江，一条是东边的沱江，它们都因都江堰的开凿，有了稳定的水源。川西"东旱西涝"的状况彻底改变了。成都平原从此沃野千里，成了"水旱从人，不知饥馑，时无荒年"的天府之国。

　　　　　　　都江堰既有灌溉、排水功能，又是水运通道，为成都和周边城镇的供水、水运、环保和防洪发挥了多重效益。

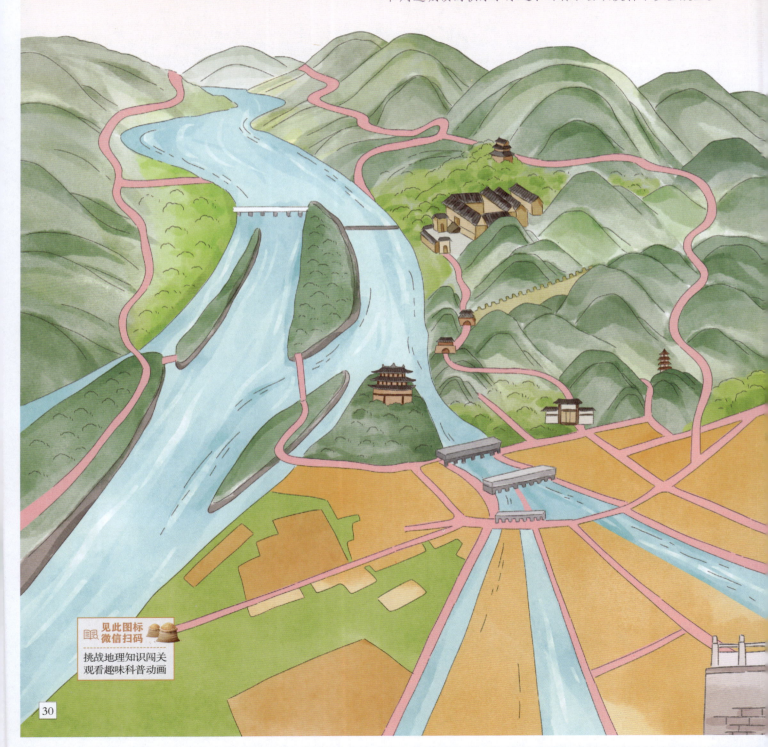

李冰父子修建都江堰的时候，还命人开凿了两条河渠，也就是今天流经成都的府河和南河的前身，府河和南河现在合称为"锦江"。这些水利工程，不仅与成都平原上的灌溉支渠相沟通，形成了规模宏大的灌溉网络，滋润着成都平原上的农业生产，它们还沟通了成都直达荆楚和吴越的黄金水道，为成都的世代繁荣奠定了坚实的基础。

杜甫草堂

唐朝诗人杜甫寓居成都的时候，这里水系发达，商贸繁荣。诗人在锦江边修建了草堂，开窗就能看到秦岭长年不化的积雪，门外还常年停泊着从东吴驶来的船只。

绝句

〔唐〕杜甫

两个黄鹂鸣翠柳，一行白鹭上青天。
窗含西岭千秋雪，门泊东吴万里船。

合江亭

合江亭位于成都市府河与南河交汇之处。始建于唐代贞元年间，由10根亭柱支撑着连体双亭，构思巧妙，意味隽永，是官民宴饮、市井游玩的热闹场所。合江桥畔是当时登舟出川的主要口岸。

主要景点

都江堰建成后，逐渐成为当地著名的旅游景点，其中的"伏龙观"和"二王庙"极具特色和纪念意义。

玉垒山被李冰父子凿开一个大口后，原本的山体被分成两部分，位于江心的即为离堆，伏龙观就在离堆的北端。汹涌的岷江水在这里被紧紧扼住，形成了壮观的"离堆锁峡"美景。

传说，岷江之所以频发灾害，是因为掌管江水的孽龙在作乱，李冰父子到来之后，将孽龙降伏在离堆之下，从此人们得以安居乐业。为了纪念李冰，人们就在离堆上修建了"伏龙观"。

伏龙观

说到治水，李冰的儿子李二郎也功不可没。他是李冰治水时重要的助手，蜀地的百姓将他神话成镇水的二郎神。为了纪念这对父子，人们将玉垒山上的望帝祠改成了"二王庙"。

二王庙风景秀美，是庙宇和园林的完美结合，庙宇区雕梁画栋、飞檐翘角；园林区林荫蔽日，曲径通幽。站在二王庙的高处，还可俯瞰整个都江堰，是一个绝佳的游览胜地。

二王庙

生态影响

　　都江堰水利工程的修建，充分利用了当地西北高、东南低的地理条件，根据江河出山口处特殊的地形、水脉、水势，因势利导，无坝引水，自流灌溉。它的修建，不仅没有造成生态环境的大幅破坏，反而对周围的生态环境起到了很好的保护作用。

李冰采用的无坝引水法，最大限度地利用了当地的现有资源，无论是制作竹笼的竹子，还是填充的山石，在当地都取之不尽、用之不竭。是"取之自然，用之自然"的典范，将人、水、地三者之间做了很好的协调，是世界上迄今为止唯一的伟大的"生态工程"。

无坝引水

不设拦河闸或壅水坝，从天然河道中直接引水的取水枢纽。无坝取水工程简单，投资少，对天然河道的影响较小，在水利建设中得到广泛应用。

文化遗产

都江堰布局合理，巧妙配合，创造了人与自然和谐共存的水利形式。它的修建，极大地改善了成都平原的景观环境和人居环境；丰富的水系网络，又促进了成都及周边城镇的发展。这种独特的亲和自然的水利工程，成为中国乃至世界"活的水利博物馆"，在世界水利科学技术史上独树一帜，是人类宝贵的文化遗产。

都江堰，简称"灌"，是古蜀国的发祥地之一。它钟灵毓秀、风光旖旎、气候宜人。青城山钟灵千载，孕育道源，都江堰膏流万顷，润泽天府。

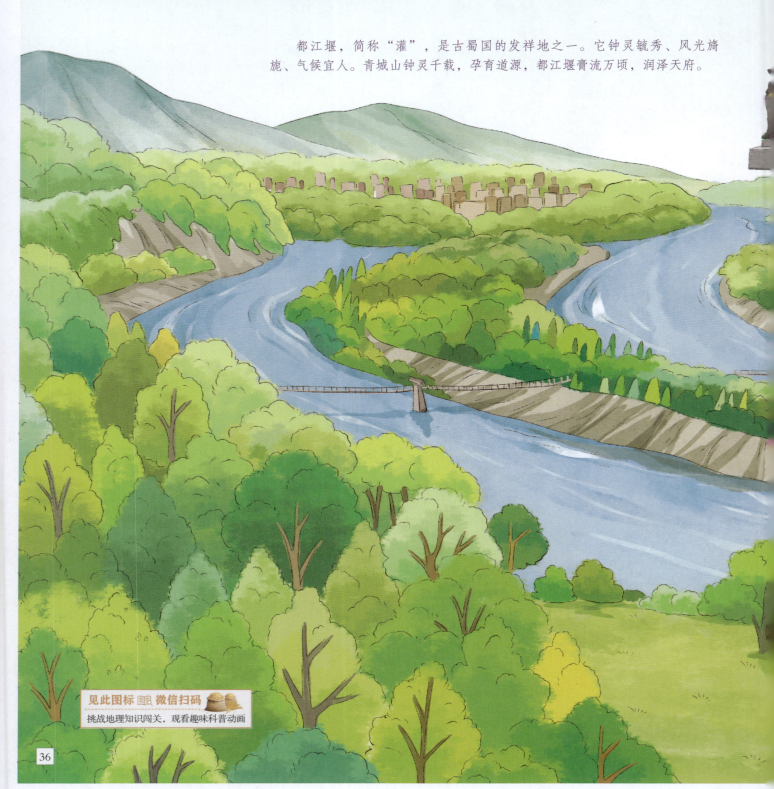

如今的都江堰，也是闻名遐迩的风景胜地，这里山清水秀，景色优美，文物众多，山、水、林、堰、桥浑然一体，城中有水、水在城中，"灌城水色半城山"。

拜水都江堰，问道青城山，都江堰与青城山已成为人们旅游朝拜的圣地。蜀地也是我们的国宝——大熊猫的栖息地。

青城山位于成都平原西北部，距离都江堰仅有10千米，是我国四大道教名山之一。因其四季常青，满目青翠，诸峰环峙，状若城郭而得名，素有"青城天下幽"之美誉。

治水经验

都江堰是人类智慧和文明的结晶。人们在长期的实践中，积累和总结出了三字经、六字诀、八字格言等治水经验，世代相传，为水利科学理论的发展做出了突出贡献。

治水三字经

深淘滩，低作堰，六字旨，千秋鉴，挖河沙，
堆堤岸，砌鱼嘴，安羊圈，立湃阙，凿漏罐，
笼编密，石装健，分四六，平潦旱，水画符，
铁桩见，岁勤修，预防患，遵旧制，勿擅变。

八字格言：遇湾截角，逢正抽心

"遇湾截角"，就是在河道有拐弯的地方，要在凸岸截去锐角，减缓冲势，使其顺直一些，减轻主流对河岸的冲刷。

"逢正抽心"，就是说遇到顺直的河段或河道汊沟很多时，应当把河床中间部位淘深一些，达到主流集中的目的，便江水"安流顺轨"，避免泛流毁岸、淹毁农田。

两千多年来，都江堰不仅造就了富庶繁荣的"天府之国"，还为今天成都平原的现代文明做出了巨大贡献，在中国和世界产生了极为深远的影响。

六字诀：深淘滩，低作堰

"深淘滩"是指飞沙段、内江一段的河床要深淘，深淘的标准是古人在河底深处预埋的"卧铁"。岁修淘滩要淘到卧铁为止，才算恰到好处，才能保证灌区用水。

"低作堰"是指飞沙堰在修筑时，堰顶宜低作，便于排洪排沙。切忌用高作堰的方式在枯水季节增加宝瓶口的进水，那是一种急功近利的做法，在洪水季节会造成泥沙严重淤积，使工程逐渐废弃。

诗词印象

　　都江堰是人类利用自然、改造自然的杰作。悠久的历史、深厚的文化，吸引了无数的文人墨客，为其折腰慨叹。他们将内心的热血和激情凝于笔端，写下了大量的诗文，或赞美都江堰的幽美山色，或称颂都江堰的渊远历史，为这片土地镌刻上了别具一格的文化气韵。

登楼
〔唐〕杜甫

花近高楼伤客心，万方多难此登临。
锦江春色来天地，玉垒浮云变古今。
北极朝廷终不改，西山寇盗莫相侵。
可怜后主还祠庙，日暮聊为《梁甫吟》。

青城山观
〔宋〕释楚峦

岩下水光分五色，壶中人寿过千龄。
何当一日抛凡骨，骑取苍龙上杳冥。

十二月十一日视筑堤
〔宋〕陆游

江水来自蛮夷中，五月六月声摩空。
巨鱼穹龟牙须雄，欲取阛市为龙宫。
横堤百丈卧霁虹，始谁筑此东平公。
今年乐哉适岁丰，吏不相倚勇赴功。
西山大竹织万笼，船舸载石来亡穷。
横陈屹立相叠重，置力尤在水庙东。
我登高原相其冲，一盾可受百箭攻。
蜿蜿其长高隆隆，截如长城限羌戎。
安得椽笔记始终，插江石崖坚可砻。

徐及泉相送至斜堰河（其二）

〔明〕杨慎

长沟流水引都江，断岸危桥窄石矼。
并马不知村路远，更穿斜堰渡惊泷。

都江堰

〔清〕黄俞

岷江遥从天际来，神功凿破古离堆。
恩波浩渺连三楚，惠泽膏流润九垓。
劈斧岩前飞瀑雨，伏龙潭底响轻雷。
筑堤不敢辞劳苦，竹石经营取次裁。

都江堰

〔清〕吕元亮

啮山喷怒雪，垒石卧寒云。
禹绩真堪补，双流此地分。

灌县

〔清〕朱云骏

沃野自兹始，浮云喜乍晴。
江源来绝徼，岚翠朴孤城。
庙享尊疏凿，铙歌洗甲兵。
使君欣旧雨，珍重劝春耕。

伏龙观壁画都江图

〔清〕毛澄

何处滩声来，座上屋瓦战。
高堂三丈壁，晴天雪花溅。
闸官走且顾，笼石促修堰。
脉缕如医经，纵横细于线。

微信扫码
线上寻宝
峡谷闯关
成就打卡
音频探秘
动画宝箱

图书在版编目（CIP）数据

都江堰 / 姚青锋，杨绪波主编；书香雅集绘.
长春：吉林科学技术出版社，2025.4. --（少年中国地
理）. --ISBN 978-7-5744-2241-4
　　Ⅰ. K928.79-49
　　中国国家版本馆CIP数据核字第2025TN6259号

少年中国地理
SHAONIAN ZHONGGUO DILI

都江堰
DUJIANGYAN

主　　编　姚青锋　杨绪波
　　绘　　书香雅集
策 划 人　于　强
出 版 人　宛　霞
责任编辑　李思言
助理编辑　丑人荣
幅面尺寸　210 mm×285 mm
开　　本　16
印　　张　18（全6册）
字　　数　228千字（全6册）
印　　数　1～5 000册
版　　次　2025年4月第1版
印　　次　2025年4月第1次印刷

出　　版　吉林科学技术出版社
发　　行　吉林科学技术出版社
地　　址　长春市福祉大路5788号出版大厦A座
邮　　编　130118
发行部电话/传真　0431-81629529　81629530　81629531
　　　　　　　　　81629532　81629533　81629534
储运部电话　0431-86059116
编辑部电话　0431-81629516
印　　刷　吉林省吉广国际广告股份有限公司

书　　号　ISBN 978-7-5744-2241-4
定　　价　168.00元（全6册）

地理藏宝图

动画宝箱
高清动画,带你身临其境感受地理之美

音频探秘
科普音频,在声音的世界里探秘万里山河

成就打卡
线上打卡,记录你的阅读寻宝之旅

峡谷闯关
地理知识互动答题,挑战成为地理小达人

微信扫码线上寻宝